ハラスメントを行動科学で考えてみました。

「不安」「憤り」を断ち切り、今日から楽しい職場にする

本書を読む前に

あなた自身のことを知ることからスタートしよう

　何かが引き金となって、突発的にパワーハラスメント(以下、パワハラ)の行為者になる可能性は誰にでもあります。この「引き金」として考えられる「日ごろの自分の考え方と言動」を確認してみましょう。

　では、下記の質問項目に対して、自分に当てはまると思う箇所に○印を入れてみましょう。さて、いくつあてはまりますか。

No.	質　問　項　目	印
1	短気で怒りっぽい方であると思う。	
2	感情的になって、強い口調になることがある。	
3	口答えされるとイラっとすることがある。	
4	厳しく指導しないと、人は育たないと思っている。	
5	目障りな人や何となく気に入らない人がいる。	
6	仕事ができない人には、仕事を任せられないと思う。	
7	仕事の能力が低い人を見下すことがある。	
8	「バカ」「愚図」など、屈辱的な言葉を発することがある。	
9	仕事のミスや失敗は、絶対に許されないと思っている。	
10	自分の職場にパワハラは存在しないと思っている。	

いかがでしょうか。○印をつけてもらったわけですが、実は印がついた数で云々言うつもりはありません。「正直に答えたのに……」と力が抜けた人もいるかもしれませんが、○印をつけた数の多さ、少なさがここでは問題ではないからです。ではなぜ、10の質問をしたのかと言えば、本人にそのつもりがなくても、パワハラの行為者になる可能性が誰にでもあることをあなたに知ってもらいたかったためです。

パワハラについては、第三者も深刻な問題ととらえています。セクハラと異なり、「次のターゲットは自分ではないか」といった感情が働くためです。結果、労働者の働く環境は悪化します。高圧的な物言いをされたから「パワハラを受けた」と言う人もいれば、自分の努力不足で目標を達成できなかったのに「無理な数字を与えられた。これはパワハラだ」と言う人もいます。

第三者から見て、明らかに「人格と尊厳を傷つける」言動だったのか。単に、「教育指導のプロセスのひとコマ」だったのかなど、法律の枠組みの中で、また組織全体で再考すべき問題だと言えます。

理性を持って防止

理性とは「感情に溺れず、筋道を立てて物事を考え判断する能力」のことです。つまり、感覚的ではなく概念的に思考するということです。論理的な思考力は、訓練で高めることはできますが、感情や感覚は、当事者の人間性が影響してきます。

問題を起こした場合、周りにどのような影響を与えるのか。

また、自分を取り巻く環境がどのように変化するのか。このような点を冷静に考えることができれば、パワハラ行為にブレーキがかかるでしょう。その場の勢いや感情で行なったことの代償は大きいのです。

パワハラ問題で気をつけること

パワハラ問題を考えるときに気をつけたいことは、一方的な見方をしないことです。いろいろな事情や背景が絡み合っているため、行為者と被害者双方の目線で考えると、次のような場合もあります。

パワハラの被害者が、組織内外で行為者のことを流言した場合、行為者から「名誉棄損だ」と訴えられる可能性もあるのです。これを『相互被害者意識型』と言います。また、「これは○○ハラだ」「こんなの○○ハラじゃない」といった、主観的な認識の乖離によって起こる場合もあります。そして、事実として行為がなかったにもかかわらず、パワハラを受けていると思い込んでしまう人もいます。これを『被害妄想型』と言います。

いかがでしょうか。パワハラがあったのか、そうでないのかの判断のむずかしさを知っていただけたところで、早速、「行動科学から学ぶパワハラの解決法」についてガイドをはじめることにいたします。

もくじ

Chapter 1　〔ストーリー1〕身体的な攻撃
大手事務機器メーカーYの南関東支店

Chapter 2　〔ストーリー2〕精神的な攻撃
政府系組織法人M

Chapter 6 〔ストーリー6〕個の侵害
K市にある老舗温泉旅館A

Chapter 7 ［上級編］行動科学
自分アジェンダでハラスメントを解決する

Chapter **8**　ストーリーで見る会話レッスン
「パワハラ」回避に直結する上手な話し方

はじめに

　セクハラ、パワハラ、モラハラ、マタハラ、パタハラ、スメハラ、テクハラ、アカハラなど、あげればきりがない「○○ハラ」という言葉。まるで、「○○ハラ」という言葉遊びをしているように感じるときがありませんか。

　たとえば、会話中に軽い気持ちやノリで、「それって、○○ハラじゃないですか！」と言われると、「この人とは会話をしないほうがいい」と感じてしまい、思わず口をつぐむこともあるのではないかと思います。コミュニケーションがうまくとれないことが、残念ながら人間関係づくりをむずかしくしてしまうこともあるのです。

　どのような行為がハラスメントに該当するのか。この点を正しく理解していなければ、このような言葉遊びは、今後も続くような気がしてなりません。

　特にここ数年、「パワハラ」という言葉を頻繁に耳にするようになりました。マスメディアもこぞってこの問題を取り上げ、社会が後押ししたかたちで、パワハラ防止に向けた取り組みを企業組織に義務づけています。

　本書では、種々のハラスメントの中で現代の社会問題として世間を賑わせている「パワーハラスメント(パワハラ)」を取り上げていきますが、いったいどういう状況にあるときのことを示すのでしょうか。

　2012年1月31日、パワハラについて、国が示した(厚生労働省

発表）6つの類型があります。具体的には、

---

1. 身体的な攻撃（暴行、傷害）
2. 精神的な攻撃（脅迫、名誉棄損、侮辱、酷い暴言）
3. 人間関係からの切り離し（隔離、仲間外し、無視）
4. 過大な要求（業務上不要なことや遂行不可能なことの強制、
   仕事の妨害）
5. 過小な要求（業務上の合理性なく能力や経験とかけ離れた、
   程度の低い仕事を命じる、仕事を与えない）
6. 個の侵害（私的なことに過度に立ち入る）

です。そこで職場内で実際にあったできごとを6類型に沿って
6つ選び、「何がきっかけでパワハラが起こったのか」「何がパ
ワハラに該当するのか」「パワハラされていると感じたときに、
どのように考え、自身が行動すればよかったのか」などをあな
たとともに考えていきたいと思いますが、その前に「パワハラ
防止法（改正労働施策総合推進法）」についても、簡単に触れてお
きます。

パワハラ防止法とは？

改正された労働施策総合推進法のことで、2019年6月5日に
公布され、2020年6月に施行されました。企業組織の規模など
によって義務化の時期が異なるため、中小企業については、
2022年4月を予定しています。

では、この改正によって、企業組織は今後、何に取り組む必要があるのか。それは、以下の通りになります。

---

①職場におけるパワーハラスメント防止のために、雇用管理上、必要な措置を講じることが事業主の義務となる(適切な措置を講じていない場合には、是正指導の対象となる)。

②パワーハラスメントに関する紛争が生じた場合、調停など個別紛争解決援助の申出を行うことができる。

　そして、職場におけるパワハラとは、以下の３つをすべて満たすものになります。

---

❶優越的な関係を背景とした言動

❷業務上必要かつ相当な範囲を超えたもの

❸労働者の就業環境が害されるもの(身体的もしくは精神的な苦痛を与えること)

　では、そもそも「職場」とは、どういう場なのでしょうか。ひと言で言えば、「事業主が雇用する労働者が職務を遂行する場所」のことです。これには出張先(移動の往復を含む)や組織が慣例として行なっている酒席(忘新年会、歓送迎会、納涼会など)も含まれます。

　また、「優越的な関係を背景とした言動」とありますが、パワハラを受ける労働者が行為者に対して抵抗または拒絶するこ

とができない蓋然性（確実性の度合いのこと）が高い関係を背景と
して行われるものを指し、「職務上の地位が上位の者による言
動」「同僚または部下による言動で、その言動を行う者が業務
上必要な知識や豊富な経験を有しており、その者の協力をえな
ければ業務の円滑な遂行を行うことが困難であるもの」「同僚
または部下からの集団による行為で、これに抵抗または拒絶す
ることが困難であるもの」などを指します。

　パワハラ指針では、事業主は主に次の措置を講じなければな
らないとしています。

事業主が講ずべき措置とは

　☞事業主の方針などの明確化およびその周知・啓発。

　☞相談（苦情を含む）に応じ、適切に対応するために必要な
　　体制の整備。

　☞職場におけるパワハラにかかる事後の迅速かつ適切な対応。

どんな行為がパワハラなのか

　パワハラの具体例として、どういう行為が該当するのでしょ
うか。たとえばですが、「書類や物を投げつけたり、机や什器
類を叩いたりする」「周りの人に聞こえるような大きな声で話
す（叱責、嫌みや皮肉など）」「達成不可能な目標（ノルマ）を課す」「苦
手な仕事をあえて与え、失敗させる」「仕事の締切日や時間を
短く設定し、未達成感を与える」「研究・技術職の人に営業業

務をさせる」「能力を不当に低く評価する」「本人やその家族の人格を否定・攻撃する言葉を発する」などがあります。

　実際、パワハラの多くは、言葉や態度・行動による嫌がらせで、「執拗」「過剰」「多数の面前」が一つのキーワードになり、特にものの言い方には注意が必要です。パワハラの場合、行為が行われる背景が「職場」であることから、「職務遂行上の合理性」の有無が問題となります。この点は、セクハラとの大きな違いだと言えそうです。

　そしてパワハラ行為をとる背景や理由がどうであれ、パワハラの判断がむずかしいのは、行為者が悪いのか、悪くないのか、あいまいな点です。

　このパワハラ問題は、「性格の不一致」や「仕事に対する考え方(働く意義、価値観、仕事の進め方など)の違い」により起こることが多いと言われています。

　また、特筆すべき点は、「仕事ができる上司」と「仕事ができない部下」との間で起こっているということもあげられます。さらに、ＩＴスキルが「高い部下」と「低い上司」の間でも、最近の傾向として、この問題は起こりはじめています。

　いずれにせよ職場の人間関係は、「目的や目標」「業務や課題」などでつながっている関係であることを再認識し、職務遂行のプロセスで起こりえるパワハラを防止することが大切になってくると思います。

　そのためには、①自らが与えられた職務を自力で完遂する能力を身につけること、②他者のプライドを傷つけない物言いや

振る舞いをすることが重要なのではないでしょうか。「過去と他人は変えられない」と言われるように、実際に「態度や行動を変容するのは自分」という本質を理解することです。

　先に述べた「性格の不一致」の性格とは、「行動パターン」のことですが、自ら行動を変える意思があれば、「なりたい自分になれる」と考えることもできるはずです。自らが置かれている社会的立場や培ったキャリアなどに相応した言動をとる必要があるのです。

　ところで、パワハラ問題を考える際、行為者と被害者の精神状態に焦点を当てるだけで、果たして防止策や解決策は見つかるのでしょうか？　誤解がないように申し上げると、被害者(または行為者)が高度なカウンセリングスキルを持つ人に相談した場合、精神的ダメージは確実に緩和されると思います。しかし、精神面のケアはもちろんですが、今後どのような行動をとっていくのが望ましいのか。この点を考えていかなければ、パワハラ問題に対処することはできないと考えます。

　そこでこの本では、あえて情緒の部分に触れず、「行動」に焦点を当てることにしました。ぜひとも「行動科学の考え方」を取り入れて、自らの行動を微修正することで、パワハラという問題を起こさないような工夫を身につけていただければと願います。

　　　　　　　　　　　　　　　　　　　　　藤原　徳子

「パワハラを行動科学で考える」という課題を編集担当の村上直子さんからいただいたとき、たまたまパワーについての研修資料を開発しようとしていたところでした。職場のパワハラは、業務にかかわる人間関係の中で生じており、業務の割当と遂行に必要なリーダーシップも大いにかかわっています。パワハラとリーダーシップについて考える、とてもやりがいのあるテーマをいただいたと思いました。

　長く行動科学とリーダーシップ研究にかかわり仕事でも活用してきていますが、その中でも「パワー」研究の魅力を強く感じていました。パワーという用語には、「力で相手をねじ伏せる」という良くないイメージがあるので、社会での有効活用という意味ではなかなか聞かれない言葉です。

　しかし、リーダーシップ研究の中で学習してきたパワーは、「リーダーシップの有効活用に必要不可欠な原動力」です。パワハラは、パワーの使い方に失敗したリーダーシップです。パワーをうまく使うリーダーシップ、パワーをうまく使えなかったリーダーシップ、これらの視点を持つことで、パワハラを予防したり、改善したりすることができます。このようなパワーの魅力を日本社会に紹介できないか、と思っていました。

パワハラ被害者の目線から考えるリーダーシップ

　本書では、数々のストーリーをもとに「失敗の根拠」をリーダーシップの考え方に基づいて解説しています。また、その不安や憤りを感じる負の状態から抜け出す方法も、被害者からの

リーダーシップという位置づけでチャレンジしています。

　今回の出版は、私が長年提唱している「だれもがリーダー（自分ゴトのリーダーシップ）」の体現を試みた前著『12のリーダーシップストーリー』(生産性出版)の参加者と有志が再度集まり、新しいメンバーも加わって実現しました。一つずつ行動していれば、行動はつながっていく。行動がつながれば、自分が思い描く方向に向かう。パワハラをきっかけにそんなメッセージを感じていただければと思います。

　最後に、本書は、パワハラの6類型を示す6つのストーリーと事前に知っていただきたい知識についての解説という構成になっています。本編の後ろは、パワハラについて、よりくわしく学習したい人に向けての「上級編・行動科学」「ストーリーで見る会話レッスン」と続きます。「パワハラの6つのストーリー」「ストーリーで見る会話レッスン」は藤原徳子が、「基本ガイド」「上級編・行動科学」は網あづさが担当します。

　そして、法的な考え方の基本については「職場内のパワハラを解決に導くためのミニ知識」として、波戸岡光太弁護士に執筆していただきました。では早速、6類型の一つめである「身体的な攻撃(暴行、傷害)」のストーリーから、ともに考えることにしましょう。

2020年9月吉日

網 あづさ

Chapter 1

平岡〔第一係長〕

谷川〔課長〕

〔ストーリー1〕

　大手事務機器メーカーＹの南関東支店では、数多くの販売代理店を抱えている。法人営業を主にしている営業第一課は、「リース契約件数」を年々増やしている。しかし、リース料の価格競争に巻き込まれ、売上自体は伸び悩んでいる。

　今年度、支店全体の売上目標は「前年対比15％アップ」だ。支店長は社員一丸になれば、達成できる数字だと思っていた。

近藤 … 支店長（入社27年、男52歳）

谷川 … 営業第一課　課長（入社26年、男45歳）

平岡 … 営業第一課　第一係長（入社10年、男36歳）

宮原 … 営業第一課　第二係長（入社14年、女37歳）

黒瀬 … 営業事務スタッフ（入社3年、女28歳）

　南関東支店の営業エリア内で、毎年、新設法人が約4万社ある。設立資金を押さえるために、ＯＡ機器やＩＴ機器など、リース契約をする会社が多い。しかし、約60％の法人は1年以内に倒産している現状から、リース契約期間も年々短期になっている。

　第一四半期を終えるにあたり、課長と係長が集められ、営業会議が開かれた。

近藤　昨日、本社で支店長会議が開かれたことは、みんなも知っていると思うが、第一四半期の成績から「割賦販売はこれまで通りで問題ないが、リース契約とレンタル契約の件数を来期は20％増やすように」と、社長から言われた。営業第一課には、これまで以上の努力をしてもらいたい。

谷川　支店長！　20％は厳しいです。

近藤　どのような点が厳しいのかな？

谷川　ここのエリアは新しい会社が増える一方で、倒産も早いんです。おしなべて契約期間が短いのが悩みです。

近藤　それはもとからわかっていることだよね。売上を伸ばすためには、まずは契約件数を増やさないと、話にならないからな。

谷川　まぁ、そうですが。

近藤　谷川課長は、代理店との関係は良好なんだろう？

谷川　はい。一応は。

近藤　まずは、リース会社やレンタル会社の社長たちと、近々、打ち合わせをしてくれないか。代理店の力を借りて、何とか社長の期待に応えようじゃないか。

谷川　はい。わかりました。第一課としても確かな結果を残したいので、第二四半期は部下たちに発破をかけて、必ず結果を出します。支店長の面子を潰さないように動きます。

近藤　さすが営業一筋で結果を出し続けてきた谷川課長だ。頼

もしいよ。

早速、谷川課長は課内ミーティングを開くことにした。
スポーツマンであり、がたいがいい谷川は、支店内でも
存在感がある。谷川が内勤のときには、職場全体がピリッ
とした空気に包まれる。

谷川　さぁ、みんな集まって。来期に向けて、目標数字を決め
　　　たいと思う。

平岡　課長、先ほどの支店長のお話ですが、社長から期待され
　　　ているのはわかるのですが、20%アップは現実問題とし
　　　てむずかしいのではないでしょうか。

谷川　はぁ？　むずかしい？

平岡　はい。代理店の皆様は、いまも可能な限りの努力をして
　　　くださっていると思います。これ以上のお力添えをえら
　　　れるのか、正直、私はわかりません。

谷川　「わかりません」じゃないよ。とにかくアポをとって、
　　　お客様回りをすることが先決だろ？　ローラー作戦だよ。
　　　ローラー作戦。宮原係長も代理店周りをしっかりやって
　　　くれよ。

宮原　はい。あのぉ……。

谷川　何か言いたいことでもあるのか！

宮原　担当しているレンタル会社様も、すでにいろいろと尽力
　　　してくださっていて……。

谷川　(バン！)何を相手に遠慮しているんだ。平岡も、きみも、
　　　もっと努力する姿を部下たちに見せなさい。チャレンジ
　　　する前から、ネガティブな発言をしてどうするんだ。

宮原　は、はい。

平岡　課長、わかりました。宮原係長とも情報交換をしながら、
　　　営業第一課として結果を出せるように頑張ります。

谷川　(バン！)「結果を出せるよう」じゃなくて、出すんだ。本
　　　当にわかっているのか！

　　谷川課長は、興奮すると机を叩くクセがある。そのたび
　に部下たちは、ビクッと体を硬直させる。

平岡　宮原係長、第二係では何か戦略はあるの？

宮原　うぅ～ん、いつものことだけど、２カ月後に選挙がある
　　　から、選挙事務所への営業かな。これを成功させると第
　　　二四半期の成績には間に合うから、とにかく頑張るわ。

平岡　そうか。いいなぁ。

　　サービス業から転職してきた平岡係長が、この支店に来
　て１年３カ月が過ぎた。以前は、北陸支店と東北支店で勤
　務していたのである。人当たりが良く、お客様から愛され
　るタイプである。多少、押しが足りない部分はあるものの、
　着実に営業数字を積み上げてきた。

近藤　谷川課長、売上のほうは順調かな？

谷川　はい。宮原係長が頑張ってくれています。平岡係長も、間もなく支店長が期待する結果を出してくれるものと思っています。良い報告が出るように取り組んでいるところです。

近藤　課長の教育の賜物かな。楽しみにしているよ。

谷川　はい。ありがとうございます。

　近藤支店長から激励された谷川課長は、何が何でも目標を達成しなければと、多少焦りはじめていた。谷川課長は、営業の進捗状況を確認するため、自席に平岡係長を呼んだ。
　課長の前に立った平岡係長に「係長、そこじゃなくて私の横に来てくれるかな？」と言った。

谷川　ねえ、ここに呼んだ意味だけどわかる？

平岡　営業の状況確認でしょうか。

谷川　そうだ。

平岡　まだ課長に報告する段階ではないのですが……。

谷川　そっかぁ。でもね　第二四半期も半分過ぎたんだよ。いま、報告することがないとは、どうなっているのかな？平岡く〜ん。

平岡　（うっ！）

谷川　宮原係長は、頑張ってるようだよ。きっと今期も期待通りの結果を出してくれるんだろうなぁ〜。

平岡　（うっ！）

谷川　二人は、いいライバルだから、頑張ってくれよ。平岡く
　　　〜ん。

平岡　（うっ！）は、はい。

　　　谷川課長は、平岡係長と話している間、終始笑顔だった。
　　しかし、靴先では平岡係長の弁慶の泣きどころを蹴ってい
　　たのだ。室内にいた社員たちは、誰もこの状況に気づいて
　　はいなかった。
　　　このとき、平岡係長は痛みに耐えるのが精一杯で、まと
　　もな返答ができなかった。谷川課長の部下になって３カ月、
　　入社して10年、体験したことのないショッキングなでき
　　ごとだった。
　　　この日、平岡係長は、営業に出かけたまま帰社しなかっ
　　た。翌日の午前中、オフィス内でのことである。

谷川　平岡係長！　昨日は会社に戻って来なかったようだけど、
　　　契約手続きで忙しかったのかな？

平岡　代理店の社長と話し込んでしまって……。

谷川　話し込むのはいいよ。で？

平岡　……。

谷川　係長、わかった。ここでは話せないから、ちょっと会議
　　　室へ行こうか？

恐怖心が募り、会議室へ向かう平岡係長の足は重かった。
そして、会議室に入った瞬間だった。

谷川　（バン！）平岡、お前は営業をなめてるのか！

平岡　いいえ……。

谷川　じゃー、早く結果を出せよ。結果を出せ（バン！）

平岡　は、はい。

谷川　社長が、この営業第一課に期待してるんだ。早く結果を
　　　出して喜ばせたいと思わないかな？

平岡　……。

谷川　近藤支店長の期待も大きいんだよ。わかるか。平岡！

　　　結果を出せない平岡係長にイラつく谷川課長は、自分の
人差し指を平岡係長のおでこにグイグイ当てた。平岡係長
は、仰け反りながら谷川課長の行為に耐えた。

平岡　課長、もし1週間お待ちいただけるのであれば。

谷川　たらればの話はいい！　こうしている間にも営業はでき
　　　るだろ？　いますぐ行け！

平岡　ぎぇー。

　　　谷川課長は、平岡係長の膝裏から臀部にかけて、何度も
何度も蹴り上げた。なぜ、自分がこのような仕打ちをされ

> るのか。
>
> 　平岡係長は、ただただ戸惑うばかりだった。何より暴力的な行為に、今日もショックで胸が張り裂けそうだった。この場から逃げ出すために「営業へ行って参ります」と挨拶をして、会議室を飛び出し、外出したのだった。
>
> 　平岡係長は、営業エリア外の町まで電車を乗り継ぎ、喫茶店に入った。注文したコーヒーの香りを嗅いだ瞬間、悲しみや怒りといった感情が一気に溢れ出た。と同時に、涙が淀みなく頬を伝った。
>
> 　それから4時間後、オフィス内でのことである。

谷川　平岡係長は、どうした！

宮原　先ほど電話がありまして、1件契約が取れたら帰ってくると言っていました。

谷川　ほほぉ〜。ようやくやる気を出してきたかね。

宮原　平岡係長は、期末に目標達成できると思いますが。

谷川　(バン！)何を言ってるんだね。目標数字を超えるくらいの欲を出さないでどうするんだ。これだからここの社員は、アマちゃんなんだよ。前任者は、ずいぶん甘やかしていたみたいだな。

宮原　そうおっしゃいますが、私たちが甘やかされたとは思っていません。前任者は仕事に厳しかったですが、部下の努力をきちんと見て、労いの言葉をかけてくださいました。だから、やる気を維持できましたし、期末にはチー

ムとして、結果を出せたんだと思います。

谷川　大した口のきき方だねぇ。きみは、たまたま結果を残せ
　　　ているからいいが、態度がでかいんだよ（ドン！　ドン！）

宮原　（キャ）

黒瀬　課長、止めてください！

谷川　なぜ、止める！

黒瀬　……。

谷川課長は、宮原係長の机の袖を何度も蹴り、自席に戻
った。営業メンバーが出払って、スタッフの黒瀬だけがい
たことから、強気な態度を示したのだ。宮原係長と黒瀬は、
顔を見合わせながら、しばらく体の震えが止まらなかった。
そのとき、電話が鳴った。

黒瀬　……はい。……はい。わかりました。いま、ここに宮原
　　　係長がいらっしゃいますので、伝えておきます。

宮原　黒瀬さん、なあに？

黒瀬　平岡係長からで、今日は戻られないそうです。とっても
　　　疲れているような声でした。大丈夫でしょうか。

宮原　気になるわね。

黒瀬　少し前から感じていたんですけど、平岡係長ですが元気
　　　がないように思います。特に今日は、課長と会議室へ行
　　　ってから、まっすぐ営業に出ちゃいましたしね。

宮原　そうねぇ。平岡係長から電話をもらったから、外出して

　　　　いたのがわかったわけだけど。

黒瀬　何か変だと思いませんか。

宮原　あっ、見て！　営業カバンがある。

黒瀬　えぇー、どうしたんだろう？　課長と何かあったんだと
　　　思います。先ほどの課長の態度も怖かったですし。

宮原　そうよね。私、とにかくビックリしちゃって。

黒瀬　係長、この状態を何とかしてもらえませんか。

宮原　そうねぇ……。支店長に相談してみましょうか。

黒瀬　係長、お願いします。

> 　宮原係長は仕事の手を止め、支店長室へ向かった。そし
> て、谷川課長の態度や平岡係長に対する気がかりな点をす
> べて話した。
> 　支店長から、何らかのアドバイスをもらえるものと思っ
> た宮原係長は、支店長の反応を待った。

近藤　うぅ～ん。谷川課長の態度は、よくないな。係長も黒瀬
　　　さんもビックリしただろう？　たぶん、今期の営業成績を
　　　気にしているんだろうな。彼は、「足で稼ぐ」の言葉が
　　　合う営業マンで、結果もいままで残してきた。自分のや
　　　り方が正しいと思っているのかもしれない。自分に厳し
　　　い人だからね。

宮原　自分に厳しい人だというのはわかります。でも、自分の
　　　営業スタイルに合わない人を毛嫌いする感じがして……。

近藤　そうだな。ところで、平岡係長のことなんだけど、谷川
　　　課長との間で何かトラブルでもあったのか。

宮原　いいえ。私も、黒瀬さんも、特にトラブルのような場面
　　　に遭遇したわけではありませんが、何となく……。

近藤　無用の不安かもしれんな。黒瀬さんにもあまり気にしな
　　　いようにと伝えておいてくれ。

宮原　はい。わかりました。

　　　支店長から宮原係長が期待するような回答はえられなか
　　った。執務に戻ってからも宮原係長の気分は晴れなかった。
　　ただ、根拠はないものの、二人の間にトラブルはあったに
　　違いないと思った宮原係長は週明けに、平岡係長が出社し
　　たら、話をしてみようと思った。

宮原　あっ。おはようございます。早いですね？

平岡　おはようございます。今日は始業前に出かけようと思っ
　　　てね。準備もあるし、早めに出勤したんです。

宮原　私も見習わなきゃ。

谷川　おけよう。平岡係長、もう来てたのか。

平岡　は、はい。では、行ってきます。

谷川　ちょっと待て。先週の件で、報告することがあるんじ
　　　ゃないのか！

　　　宮原係長は、そそくさと外出した平岡係長の様子が気に

なった。と同時に、二人の間にトラブルがあったと確信したのだった。

　谷川課長は、ムッとした様子で平岡係長の椅子を蹴ると、自席に戻った。営業第一課は、朝から重苦しい空気に包まれた。

　朝礼が終わった後、営業メンバー全員が一瞬で出払った。営業第一課には、谷川課長と黒瀬が残っていた。二人は、会話をすることもなく午前の執務を終えた。谷川課長が珍しく黒瀬をランチに誘ったが、黒瀬はその誘いを断った。

　この日の夕方、平岡係長を含む営業メンバーが帰社した。

谷川　平岡係長、ちょっと来てくれるかな。

平岡　は、はい。

谷川　そこじゃなくて、こっちへだよ。そうそう。

　二人の様子を見ていた宮原係長は、"二人の様子を見て"と言わんばかりに、黒瀬に目配せをした。

谷川　先週の契約状況を報告してくれる？

平岡　はい。先週は、8社と契約を交わしました。

谷川　平岡く〜ん、それじゃ足りないでしょ。

平岡　（うっ！）

谷川　このままだと今期は未達になるぞ。わかっている？　平岡く〜ん。

平岡　（うっ！）か、かちょう、止めてください。もう私は限界
　　　です。

　　　平岡係長の呻き声を聞いた宮原係長と黒瀬は、思わず席
　　を立ち上がり、平岡係長のもとへ走った。そして、谷川課
　　長が、不気味な笑みを浮かべて、靴先で平岡係長の足を蹴
　　っている場面を見てしまった。

宮原　課長、これはパワハラです。止めてください。
谷川　何を言っているのかな？　宮原くん！　営業はタフじゃ
　　　なければいけないんだよ。心身を鍛えているだけなんだ
　　　よ。わかったかな？
宮原　わかりません！　黒瀬さん、すぐに支店長を呼んできて。
谷川　残念だったな。支店長は今日は本社だよ。
宮原　……。

　　　宮原係長の大声に、執務室内にいた社員全員が驚き、こ
　　のやりとりを聞いていた。そして、体を硬直させ、誰もが
　　言葉を失った。

基本ガイド【guide】
6つのストーリーの解説に入る前に

自分のつらさは自分でなければわからない

　近藤支店長、谷川課長、平岡係長、宮原係長、黒瀬さんのどの立場にあなたが立つのかで、意見や感想は違ってくると思いますが、一つめのストーリーを読み終えたいま、どんなことを感じていますか。たとえば、平岡係長のようなパワハラを受けている当人の立場に立つと、ショックで物事を整理して考えることができなくなるものです。

「どうしてこうなってしまったのか」「この状況はひどい」「このできごとが悲しい」と混乱の中で陰にこもってしまいがちです。たとえ親でも、親友でも、そのつらさの深さは計りしれません。

　抱えている課題を解決したければ、自ら動かなければ解決できません。つらさ、悲しさ、悔しさは自分ゴトです。

行動することで、抱える問題を解決する

　そんな状態に置かれたとき、「行動することで解決する」という選択肢があります。無意識のうちにいままでにやってきたことです。人間は日常的に何かしらの行動を起こしているので、

改めて「自分の行動」を意識することはないと思いますが、この「行動」を目に見える形で自覚すると、それまで意識していなかったもう一つの「解決の道」が見えてきます。

　本書では、「自分が行動することで解決する」方法を紹介します。「自分が○○する」（意志を持って行動する）ということは、リーダーシップを意味しています。図表1は、自分が行動するリーダーシップの要点だけを示しました。

図表1　リーダーシップ

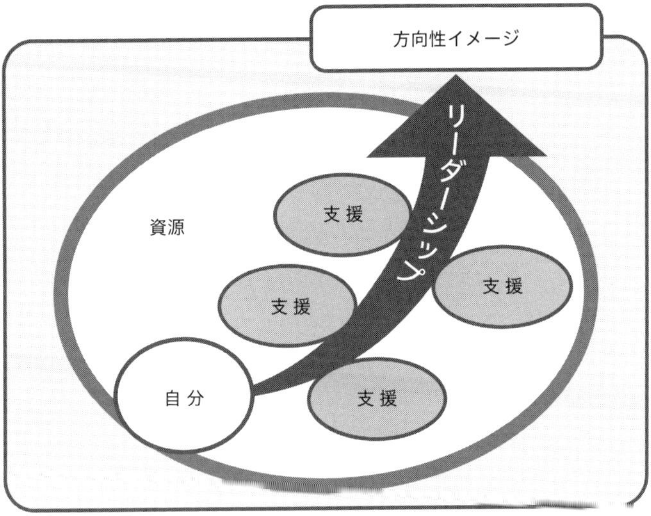

　まず、「自分（左下）」がいます。つらい思いをしていますが、つらい状況から救われたいと思っています。そのつらさから救われた状態が「方向性イメージ（右上）」です。漠然としたイメージを思い浮かべるだけでいいので、私は「方向性イメージ」

という言葉を使っています。

　その方向性イメージに至るためには、助言、手助け、指導、励ましなど、さまざまな支援が必要です。ただし、支援してもらうためには、相手が支援したくなるような何かをあなたが提供する必要があります。微笑むだけで相手が支援してくれるならそれでもいいのです。その場合に「微笑み」は、自分にとっての「資源」になります。

　つまり、このリーダーシップの図表1は、「自分」が「方向性イメージ」に向かって、「資源」を駆使して「支援」を受けながら、課題解決しながら前進することを示しています。自分が行動することで解決するリーダーシップには、「自分」「方向性イメージ」「資源」「支援」の4つの要素を踏まえる必要があるのです。

資源を影響力に変える

　行動科学では「微笑み」も「資源」になりますが、一般的に資源というと、ビジネス取引で使われるヒト、モノ、カネ、情報などが思い浮かぶため、まだピンときていないかもしれません。しかし、行動科学では期待する結果を出せるのであれば、何でも有効な資源になります。

　大別すると、資源には「ヒト、モノ、カネなど目に見える形のあるもの(有形)」や「情報、時間、健康、思いやりなど目に見えない形のないもの(無形)」があります。有形資源も無形資

源も、どちらも有効な資源になります。しかし、資源は、

　①自分がすでに持っている資源に気づいていること。

　②その資源を使っていること。

　が重要です。資源に気づいていなければ、仮に使っていたとしてもその有効性に気づきません。もしくは、資源に気づいていても使わなければ、効力を行使できないため宝の持ち腐れです。まったく使わなければ、自分ですら、その資源を持っていることを忘れてしまいます。

「微笑み」も大事な資源になる

　先ほどの「微笑み」ですが、すでに誰もが持っている資源です。いままでの人生の中で、一度も微笑んだことがないという人はいないからです。ですから、もし、あなたが微笑むことで、相手が「喜んで支援するよ」とこちらが望むように支援してくれたら、働きかけがうまくいった。つまり、リーダーシップは成功したことになります。相手に対して影響力をおよぼしたことを意味します。

　このように、自分が望むように相手が行動してくれたら、資源は影響力に変わります。これはリーダーシップのプロセスそのものです。また、持っているだけでは単なる資源ですが、使うことによって宝になるのです。

　自分が「こうありたい」と思う方向性イメージに到達するために役立つものは、すべて有効な資源であり、その資源を影響力に変えることが方向性イメージ到達への近道になります。

パワハラを行動でとらえる

　ところで、ストーリーに登場する人々は、パワハラ被害を受け、ショックで途方に暮れて仕事も満足にできていません。パワハラの定義は、12ページに紹介されているように、以下の3つをすべて満たすものです。

❶優越的な関係を背景とした言動

❷業務上必要かつ相当な範囲を超えたもの

❸労働者の就業環境が害されるもの(身体的もしくは精神的な苦痛を与えること)

　❶の「優越的な関係を背景とした言動」の優越的とは、自分が他の人(たち)より多くの資源を持っていて、その資源を使っているということです。他の人(たち)がその資源を必要としなければ、優越的な関係は生じません。

　職場という限られた場面では、上司という地位は、部下たちにとって給料をもらうために必要な存在です。抵抗や拒絶することは、給料を失うことを意味するのでできません。職場の場合、多くは「上司であること」「職務上の高い権限」が資源になります。この資源をどう使うかは上司次第ですが、うまく使えれば部下の仕事振りは良くなり、リーダーシップは成功します。下手に使えば、部下の仕事振りも職場環境も悪化し、リーダーシップは失敗します。

　❷の「業務上必要かつ相当な範囲を超えたもの」ですが、こ

こでいう言動がどのような言動であるかを知るためには、「必要かつ相当な範囲」がどのような範囲であるかを明確にする必要があります。

上司、部下がそれぞれのリーダーシップを発揮するために

リーダーシップの図表2で考えます。上司は業務目標を持っています。この目標のために資源を駆使して、部下たちや関係者たちを巻き込んで、達成しようとします。部下たちにそれぞれ業務を割り当て、それぞれの部下たちが業務遂行できるように指示・支援し、部下たちの成果を統合するというプロセスマネジメントが上司の業務です。

部下には、もちろんベテランの部下、新米の部下、転職してきたばかりの部下、自信のある部下、自信のない部下、日本語がよくわからない部下、タフ(強靭)な部下、ひ弱な部下と、いろいろな部下がいます。

それぞれの部下の能力や気持ちに応じて、上司は業務を割り当て、上司が期待する基準(期待基準)に達する業務を遂行できるように指示・支援します。

部下たちに指示や支援をしながら目標達成することが、上司のリーダーシップです。

このように部下たちには、期待基準に達する業務を遂行できるように、必要かつ相当な範囲での指示・支援が必要です。この指示・支援は、指示する行動量、支援する行動量で測れます。

たとえば、経理をしっかりこなしているベテラン社員に対し

図表 2　上司のリーダーシップ

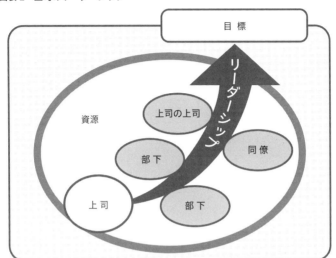

て、経理についての必要かつ相当な範囲の指示・支援は、能力
は高いので指示はほとんど必要ではありません。また、自律的
に仕事をこなしているので上司からの支援もほとんど必要あり
ません。指示や支援の行動量が多いと、かえって「私は信頼さ
れていない」「あの上司は口やかましい」と感じられてしまい
ます。

　一方、経費業務を担当しはじめたばかりの社員の場合には、
まずは、一から十まで細かくやり方を説明する必要があるので、
多くの指示が必要です。まだ右も左もわからない状態ですから、
支援よりも指示の方が役立ちます。指示が少なく支援ばかりで
すと、やり方がわからないままで不安な状態になります。

このように業務の期待基準に対する部下の能力や、やる気の状態によって、必要かつ相当な指示・支援の行動量は異なります。

　適切な指示の行動量や支援の行動量ではない場合、多すぎても少なすぎても言動としては、「業務上必要かつ相当な範囲を超えたもの」になります。

　❸の「労働者の就業環境を害すること(身体的もしくは精神的な苦痛を与えること)」については、職場の個人や複数の人たち、あるいは職場全体が苦痛に感じる行為が行われ、働く人たちの就業環境が害されたことを意味しています。

　身体的もしくは精神的な苦痛は当事者の声を聞かなければわかりませんが、苦痛を受ければ当事者(たち)は気分が落ち込んだり、いままでできていた仕事ができなくなったり、業績が悪化します。

　このように当事者たちの仕事振り、つまり、能力や意欲という目に見える状態や行動が変わるので、その変化によって測ることができます。

　本書のストーリーはすべて職場でのパワハラですが、

①上司が職務上の優越的な地位を背景としている

②業務上必要かつ相当な範囲を超えて過多または過少な指示や支援の行動量をとる

③労働者の就業環境が害されるもの(身体的もしくは精神的な苦痛を与えること)

であり、確かにパワハラの3つの条件を満たしています。

パワハラから抜け出す方法

　解説の後半では、パワハラの被害を受けている登場人物に「自分が行動することで問題は解決する」方法を提案しています。この方法は、次ページのリーダーシップの図表3に示されているように、当事者である自分が「資源」を最大限に使って支援を受けながら、期待する方向性イメージに到達することです。リーダーシップが成功するためには、自分の資源をうまく使わなければなりません。

　自分がどのような資源を持っているのか気づいていないこともあるので、まずは、周囲360度を見渡し、想像力を働かせ、可能性を引き出すことが大事です。誰でも資源を持っているのですから、そこを意識して行動すれば道は開けます。

　解決のための行動は被害から逃れたい自分をリーダーに置き、こうであったら安心できる状態を「方向性イメージ」とするリーダーシップで考えます。そのステップは、次の通りです。

「方向性イメージ」を思い描く

　現状の延長線で考えないために、頭の中をゼロにし、被害を受けている自分ではなく、「安心を感じている自分」を方向性イメージにします。「現在の自分から未来をイメージする」のではなく、「未来の自分から未来をイメージ」します。

　方向性イメージは、主語を「私」にします。「私」を主語に

図表3　未来の自分に向かうリーダーシップ

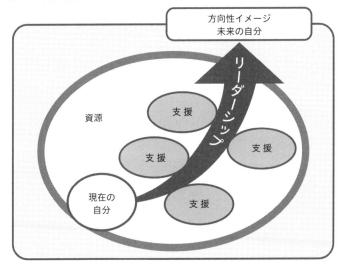

することで、「安心を感じている状態の自分」に到達するために、
自分がいまから何をしなければならないのかという視点でイメ
ージします。「私が○○している状態」というように、主語を
自分にして方向性イメージをつくります。

【支援】を探す

　自分の周囲360度を見渡して、心を開いて話ができる人、安
心して相談できる人、解決策やアイデアをくれる人、共感して
もらえる人など、自分に寄り添ってくれそうな人々を思い浮か
べ、その人たちからどのような支援がえられるかを考えます。
　支援には、大きく分けて「能力を高めてくれる支援」と「自

信や気持ちといった意欲を高めてくれる支援」の2種類があります。

　どちらの支援も大事ですが、自分の能力を高めたいときに必要な支援、気持ちを癒やしてくれたり、励ましてもらいたいときに必要な支援、という2つの支援を探します。

　能力を高めてくれる支援は、人だけではなく情報をえられる書籍やデータ、インターネットや講座なども考えられます。意欲を高めてくれる支援も、人だけではなく大事にしているペットや植物、大好きな小物やドラマなども考えられます。また、森林浴や温泉などの非日常的な時空間も、創造的なアイデアや閃きをもたらし、能力を高めてくれる支援として役立つこともありますし、癒やし、気晴らし、エネルギー補充など意欲を高めてくれる支援にもなります。

　他にも、人それぞれ好きなこと、感動することなども支援になります。どのようなものでも、自分の能力や意欲を高めてくれることは支援なので、あらゆる支援の可能性を引き出します。

【資源】を選ぶ

　必要だと思う支援をえるために、自分がどの資源をどう使うかを考えます。自分がどのような資源を持っているのか、意外と把握していないものです。他の人たちが「いいね」と言ってくれる人柄や感性、認めてくれている努力や行動、うらやましがっている立場や肩書や持ち物、これまで支援してきてくれた人たちが評価している能力や実績などを思い出してみます。

資源は恐怖を感じさせるムチ(罰)、喜びを感じさせるアメ(褒美)、人脈、資格や地位などの公的正当性、人間性、入手可能な情報の質、専門性などのカテゴリーに分けられるという研究があります。自分では気づいていない資源もあるので、周囲360度を見渡して、

　・自分はどんなムチを持っているか？

　・自分はどんなアメを持っているか？

　・自分にはどんな人脈があるか？

　・自分にはどんな資格や地位などの公的正当性があるか？

　・自分にはどんな人間性があるか？

　・自分はどんな情報を持っているか？

　・自分はどんな専門性を持っているか？

　自分が持っている資源をじっくり考えます。それらを紐解き必要な相手に使えば、リーダーシップはうまくいきます。

【リーダーシップ】を試行錯誤する

　現状から切り離された「方向性イメージ」に向かって、周囲360度を見渡して探し出した支援は、いままでチャレンジしてこなかったものかもしれません。その支援に働きかけるための資源も自分が持っていたにもかかわらず、そのことに気づかなかったものかもしれません。このことは、「新しい方法」を試すことになります。効果があれば前進、効果がなければ他にど

の支援を探すか、どの資源を使うか、試行錯誤します。

　ここまで読み進めてきて、「リーダーシップに試行錯誤という言葉は似合わない」と感じている人もいるかもしれません。リーダーシップが語られるときは、経営者や政治家や成功者が多いので、「できる人」がやるのがリーダーシップであり、「できて当たり前」だと思うかもしれません。

　しかし、そういった「できる人」たちも新しいことにチャレンジするときは、試行錯誤しながらリーダーシップをとっています。厳密に言えば、図表4のように、まっすぐ進むだけではない、失敗もある、停滞するときもある、逆戻りすることもあるのが実態かもしれません。

図表4 「方向性イメージ」へのリーダーシップ

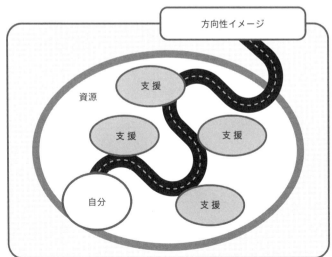

この図表4は、自分が望む方向に何かしら行動を続けることで前進している、という動きを示しています。

　本書では、パワハラの現状を何とか変えたいと思っている人々のリーダーシップを取り上げています。そういう面で「ふつうの人たちのリーダーシップ」であり、「誰でもできる等身大のリーダーシップ」です。

　現状を変えるためにいままでやっていなかった行動をとるには、「新しい方法」を試行錯誤しますが、この行動の繰り返しによって、「こうすれば、こうなる」「ああすれば、ああなる」がわかってきます。

　この経験は学習になり、また問題にぶつかったときに、現状を変えるリーダーシップをとることができるようになります。それぞれのストーリーの後、このくねくねリーダーシップの図表4を使って解説します。

　このあとに続くストーリーの解説では、

　①優越的な関係。

　②必要かつ相当な範囲を超えた言動。

　③身体的もしくは精神的な苦痛。

　と、それぞれについて、どの行動がどのように多すぎるのか、少なすぎるのかを考えて上記の①、②、③に分類します。分類することで、どのような行動が、どのように行為者や被害者を生んでいるのか、見当をつけることができます。

　また、解決方法では、「自分が行動することで解決する」という意識が軸ですから、ストーリーの被害者の立場に立って当

事者と一緒に周囲360度の可能性を想像してみることをオスス
メします。

　そうすることによって、実際に読者自身が嫌がらせにあった
ときに、自分の周囲360度を見渡す練習になります。本書はこ
うした視点で読み進めてください。

　どうでしょうか。パワハラを行動科学で解決するために必要
な考え方のさわり部分を知ってもらえたところで、まずは「大
手事務機器メーカーYの南関東支店」のケースについて、ここ
で説明した内容に沿って、一つひとつ解説していくことにしま
しょう。

「身体的な攻撃を受けたとき」

上司から蹴られたり、
おでこを押されたときに、どうするか？

　お互いの関係から考えたときに、逆らえない相手(職務上で優越的な地位を持っている上司など)が、その立場を利用して、暴力や障害を与えた場合、パワハラになる(厚生労働省のホームページより)わけですが、まさにそれに該当する事例です。

　このストーリー1のパワハラの行為者は谷川課長(45歳)、被害者は平岡係長(36歳)ですが、どうして課長は係長を蹴ったり、おでこをグイグイ押したりするようになったのでしょうか。その発端となるできごとから整理してみましょう。

パワハラが起こった背景とは？

リース料の価格競争に巻き込まれ、売上が伸び悩む

　平岡係長は入社10年、押しが足りないと思われつつも、着実に数字を積み上げてきました。しかし、谷川課長から課長自身も、実はむずかしいと感じている来期のリース契約とレンタル契約の件数を20％アップという目標を与えられたのです。

　では、この職場で起こっている問題を33ページで説明した「基

本ガイド── 6つのストーリーの解説に入る前に」に当ては
めると、どのように考えられるでしょうか。

　谷川課長と平岡係長それぞれの(自分の)リーダーシップの視
点から見ていきます。すると、2つの事実が浮き彫りになりま
す。具体的に見ていきましょう。

①優越的な関係を背景とした言動

　谷川課長は、平岡係長や宮原係長などが所属する営業第一課
の課長です。課では最高位の上司なので、課のメンバー全員に
対して優越的な関係が背景にはあります。

②業務上必要かつ相当な範囲を超えたもの

　パワハラが誘発されるきっかけは、業務が「必要かつ相当な
指示や支援の行動量ではない」ことにあります。

　というのも平岡係長は、来期の契約件数を20%アップすると
いう業務を与えられました。それまで着実に数字を積み上げて
きた平岡係長の仕事振りからすると、期待基準に達していたと
考えられます。

　しかし、20%アップという新しい業務を割り当てられてから
の谷川課長は怒鳴ったり、蹴るばかりです。部下にとって必要
な指示や支援がありません。

　それによって平岡係長は、どうすれば目標達成できるのかわ
からず戸惑っていますし、谷川課長が怖くてやる気が失せてし
まい、課長から逃げ回っています。平岡係長の仕事振りは、大
きく悪化してしまいました。

◇上司である谷川課長の言動

・「わかりません」じゃないよ。とにかくアポをとって、
  お客様回りが先決だろ？　ローラー作戦だよ。
・第二四半期も半分過ぎたんだよ。いま、報告することが
  ないとは、どうなっているのかな？　平岡く〜ん。
・靴先では平岡係長の弁慶の泣きどころを蹴っていた。
・(バン！)平岡、お前は営業をなめてるのか！
・じゃー、早く結果を出せよ！　結果を出せ(バン！)
・結果を出せない平岡係長にイラつく谷川課長は、自分の
  人差し指を平岡係長のおでこに、グイグイ当てた。
・平岡係長の膝裏から臀部にかけて、何度も何度も蹴り上
  げた。
・このままだと今期は未達になるぞ！　わかっている？
  平岡く〜ん。
・不気味な笑みを浮かべて、靴先で平岡係長を蹴っている。

◇部下である平岡係長の言動

・痛みに耐えるのが精一杯で、まともな返答ができなかっ
  た。
・谷川課長の部下になって３カ月、入社して10年、体験
  したことのないショッキングなできごとだった。
・営業に出かけたまま帰社しなかった。

・恐怖心が募り、会議室へ向かう平岡係長の足は重かった。

・なぜ、自分がこのような仕打ちをされるのか、ただただ
　戸惑うばかりだった。

・暴力的な行為に、今日もショックで胸が張り裂けそうだ
　った。

・悲しみや怒りといった感情が一気に溢れ出た。と同時に、
　涙が淀みなく頬を伝った。

・営業カバンを置いて外出、帰社しないとの連絡。

・早朝出勤してそそくさと外出。

　こうした状態では、平岡係長は期待基準に達することはでき
ません。本来であれば、谷川課長が「必要かつ相当な範囲の指
示・支援の行動」をとる必要がありました。

　しかし、谷川課長が実際にとっている行動は、部下が抵抗も
拒否もできない「弁慶の泣きどころを蹴る」「人差し指をおで
こにグイグイ当てる」「臀部を蹴り上げる」などの行動です。
これらの行動は、業務上必要かつ相当な指示・支援にはなって
いません。

③労働者の就業環境を害すること(身体的もしくは精神的な苦痛を与える)

　誰かを蹴ったり、おでこをグイグイ押す行為は、身体的苦痛
を与える行動であり、業務を遂行する上で必要ありません。身
体的苦痛を与えられている平岡係長は、仕事ができなくなり、
職場にも来られなくなってしまいました。

また、そんな平岡係長の様子を見ていた宮原係長も不穏な空気を感じ取っています。近藤支店長に相談しても効果はなく、無力感を感じています。谷川課長の怒鳴り声や机をドンドン叩く大きな音は、職場全体の空気を重くしています。

◇言動（言葉と行動）の例：職場全体

・興奮すると机を叩くクセがある。そのたびに部下たちは、ピクッと体を硬直させる。

・「期末にはチームとして、結果を出せたんです」という宮原係長に対しては何なんだ（ドン！　ドン！）。

・宮原係長の机の袖を何度も蹴り、自席に戻った。宮原係長と黒瀬は、顔を見合わせながら、しばらく体の震えが止まらなかった。

・近藤支店長に相談しても、宮原係長が期待するような回答はえられなかった。執務に戻ってからも宮原係長の気分は晴れなかった。

・営業第一課は、朝から重苦しい空気に包まれた。

・谷川課長が珍しく黒瀬をランチに誘ったが、黒瀬はその誘いを断った。

・平岡係長の呻き声を聞いた。

・宮原係長の大声に、執務室内にいた社員全員が驚き、このやりとりを聞いていた。そして、体を硬直させ、誰もが言葉を失った。

　谷川課長は、明らかに上司という地位と、がたいがいい(威圧感のある)体型という資源を使って社員たちを怖がらせています。この資源は悪い影響力になってしまい、職場はチーム力を発揮できません。むずかしい目標であればあるほどチーム力が必要ですが、部下たちの仕事振りも職場環境も悪化してしまい、チームとして機能できません。

パワハラから脱する方法とは？

　では、パワハラから脱するにはどうしたらいいのでしょうか。「自分が行動することで解決する」が基本です。解決のための行動は、被害から逃れたい自分をリーダーに置きます。「こうであったら安心」という未来の自分を方向性イメージとして、そこに到達するためのリーダーシップで考えます。平岡さんがとれるステップは、次のようなものになります。

> **【方向性イメージ】を思い描く**
> 　現状の問題から離れて、頭も心もゼロにして「もっとも安心を感じている自分」、つまり、未来の自分の状態は、どのような状態かを思い描くようにします。

　最初に、未来のこうありたい自分の状態を思い描きます。つまり、平岡係長にとって「安心を感じている自分」は、どのような状態かをイメージしてみることです。

前提として、平岡係長は着実に数字を積み上げてきた実績が
あります。すでに実績があるのですから、割り当てられたむず
かしい売上20％アップを達成することも不可能ではないはずで
す。そこで、売上20％アップを達成するためには、どうしたら
よいのか、方向性イメージを描いてみるのです。

平岡係長の「方向性イメージ」

私が売上20％アップを

達成する能力を身につけている状態

【支援】を探す

　方向性イメージに向かう自分の能力と、意欲を高めるた
めの支援を周囲360度、探します。現在、過去、未来の周
囲360度を想像しましょう。

　売上を上げる方法の一つとして、契約件数を増やさなければ
ならない場合、最初に思いつくのが現在の営業先に追加のリー
スやレンタルを「お願い」することでしょう。来期だけちょっ
と無理をお願いするという方法があります。

　それでも足りない場合は、過去の営業先に働きかけることが
考えられます。個人的にも知っている間柄ですと、営業トーク
からではなく、別の話からきっかけを探すこともできます。

　さらに、宮原係長や黒瀬さんや他の同僚や部下など職場の仲

間に働きかけることも考えられます。宮原係長も自分のタスクでいっぱいいっぱいだと思いますが、相談すれば、いいアイデアをもらえるかもしれません。

　黒瀬さんも社内の事務的な業務の担当者としていろいろなお客様の情報を持っているはずです。その中から、コンタクトをとるということも考えられます。

　もちろん、谷川課長にだって働きかけることが可能です。谷川課長も近藤支店長からむずかしいタスクを与えられています。だからこそ、ピリピリ・イライラして、できていない部下を見るとあたってしまうわけです。

　平岡係長が「自分にできることを可能な限り360度で進めている」という状態を知ってもらうためにも、しっかり谷川課長に報連相をしながら、平岡係長自身に不足している能力に気づいてもらえれば、必要かつ相当な指示や支援を仰ぐきっかけになるかもしれません。

【資源】を選ぶ
　探し出した支援をえるために、自分のどの資源を使うかを選びます。

　追加のリースやレンタルをお願いする、いいアイデアや役立つ情報を提供してもらう、などのような支援を受けるために、平岡係長が現状でできることは、周りへの「お願い」です。

　お願いすることが効果的に発揮されるためには、自分も資源

を提供することです。たとえば、日ごろ、仲良くしている良好な関係やお互いに助け合っている協力関係や着実に営業数字を積み上げてきた実績から感じられる誠実な人間性があれば、お願いがうまくいく可能性は高くなります。このような良好な人間関係という資源はお願いするときに使えます。

　良好な人間関係以外にも、お金を支払うことでお願いを聞いてくれるとしたら、金銭が資源として使えます。

「あなたは本当に優しい人、いつもとても助かっている」など普段は言わないような褒め言葉でお願いを聞いてくれるとしたら、「褒めること」が資源として使えることになります。

　大事なことは、どの資源を使う場合でも、相手がほしいと感じるものでなければ有効ではありません。相手が何をほしがっているか、必要としているかを知った上で、どの資源を使うかを考えるようにしましょう。

【リーダーシップ】を試行錯誤する

　方向性イメージに向かって、探し出した支援に「働きかけ」ます。相手が「支援したくなるように」、自分の資源を感じさせて影響力をおよぼします。

　失敗することもありますし、一筋縄ではいかないことを前提に、あきらめず一歩一歩進みましょう。

　平岡係長は「私は、売上20％アップを達成する能力を身につける」という方向性イメージに向かって、良好な取引関係や真

面目で誠実な人間性という資源を使って、現在や過去の営業先や同僚やスタッフなどから支援をえることができます。

　もちろん、あまり協力してくれないお客様もいるでしょうし、助けてくれない同僚もいるでしょう。そのようなときは、周囲360度をもう一度よく見渡をすることが大切です。忘れていた支援者を思い出すこともあります。

　このような試行錯誤を続けることで、支援してくれる人たちから営業先を紹介してもらうことができ、つながりのなかった人々とつながることができます。さらに、試行錯誤を続けることは来期の業績だけではなく、その先の業績にも結びついていきます。

　平岡係長が、いままでよりも努力している姿を見れば、売上20％アップのプレッシャーを感じている谷川課長も、平岡係長を同じチャレンジをしている同志だと感じる可能性が高まっていきます。そうすれば、谷川課長も平岡係長に、必要かつ相当な指示や支援を行う可能性が生まれてきます。

　平岡係長がこのように行動を変えると、他の社員たちも影響を受けるようになります。平岡係長が働きかけることで、影響を受ける職場の士気も上がり、関係者全体のコミュニケーションが増えます。それによって情報や人間関係の風通しも良くなり、職場環境も改善されることになっていきます。

Chapter 2

〔ストーリー2〕 **精神的な攻撃**

政府系組織法人M

斉木〔新理事長〕

沢田〔研修課長〕

〔ストーリー 2〕

　法人Mは政府系の組織で、各都道府県にある下部組織を統括している。人事異動の季節になると、「今度は、どこの省庁から理事長がやってくるのかな？」と、職員はみんな興味津々である。それは、理事長のマネジメント力によって、職員のやる気が大きく左右されるからである。また、理事長の人柄によっては、職場の空気が一変することもある。

斉木 … 新理事長（男63歳）

坂本 … 総務部長（入職32年、男55歳）

川野 … 総務課長（入職27年、男50歳）

沢田 … 研修課長（入職27年、男50歳）

井上 … 研修係長（入職10年、女41歳）

　新理事長が着任した。常套句を並べただけの挨拶は、無味乾燥な内容だった。さすがキャリア出身という感じで、無駄なことを一切言わなかった。この日のお昼休憩、話題は新理事長の話だった。

井上　課長、斉木理事長って、どんな人なんでしょうね。

沢田　うぅ〜ん。クールな感じで切れ者って感じがしたけどね。よくわからないな。

井上　そうですよね。前任の理事長は、私たちの仕事をよく理解してくれたし、優しかったから、それに慣れてしまって。

沢田　そうだな。仕事には厳しかったけど、人間的には優しい人だった。理想の上司って感じで、退任したときは、すごくショックだったなぁ。

井上　わかります。私の周りは退任の発表があってから、しばらく理事長ロスが続きましたから……。

沢田　そうだ。今日の午後、斉木理事長が、各部署を巡回するんだった。井上さん、お昼休憩はこの辺で終わって、机周りでも整理整頓しようか。

井上　課長、そうですね。話をすれば、お人柄がわかるかもしれませんし、少し話をしてみようかな？

沢田　それはいいね。じゃあ、行こうか。

午後2時頃、総務部研修課に斉木理事長がやってきた。

斉木　この部署は、ずいぶん気怠そうな空気が漂っているね。沢田課長、いつもこうなのか。

沢田　いえ。

斉木　もっと職員に覇気があってもいいんじゃないかな？

沢田　はい。

斉木　まぁ、いい。活気のある職場をつくってくれよ。課長！

沢田　はい。

その後、斉木理事長は、研修課の職員全員に挨拶して回った。井上係長とは、少し長話をしているようだった。

井上　課長、斉木理事長って、私の話を聞いて笑ったり、冗談を言ったり、フレンドリーな方でした。良かった。

沢田　それは良かったね。明日から斉木理事長のもとで、多少は態勢も変わると思うから、覚悟しなきゃな。

井上　えぇー、仕事しやすいんじゃないですか。

沢田　それは、わからないよ。仕事をはじめてみなきゃ。

井上　課長、その通りです。

法人Mでは、全国の職員向けに研修を企画し、実施している。研修課はいつも予算取りで必死だ。研修の案件ごとに会議が開かれ、そこで役員の承認をえると研修を実施できるのだ。

研修課では、中堅職員向けの「プレゼンテーション・スキルアップ研修」を企画していた。年間計画では、5カ月後の実施を予定している。そろそろ承認をえるための準備をしなければいけない。

これまで会議が開催される前に、研修内容を理事長に一通り説明しなければいけなかった。斉木理事長の仕事の進め方がわからない沢田課長は、一応説明しておこうと思い、理事長室を訪れた。

　理事長室内から、物凄い怒鳴り声が聞こえてきたため、
沢田課長は思わずドアの前で立ち止まった。

斉木　きみは私の質問に即答できないのか。部長だぞ！　何を
　　　やってきたんだ。

坂本　いま、データを調べ直して、書類を作成して参ります。

斉木　いまから調べるのは遅すぎる。また、私の貴重な時間を
　　　奪う気か！　1回ですむような仕事をなぜできないんだ。

坂本　申し訳ございません。早速、資料を作成し直し、持参し
　　　ます。理事長、2時間後にまた、お時間をいただけますか。

斉木　仕方がないな。今度は完璧な資料を持ってくるように。
　　　頼むぞ！

坂本　はい。失礼いたします。

　沢田課長は、坂本部長に気遣い、少し時間をずらして理
事長室へ入った。理事長は興奮冷めやらぬといった様子で、
ピリピリしていた。話しかけづらかったが、明るい声で「失
礼いたします」と言って、理事長のもとに歩み寄った。

沢田　理事長、5ヵ月後に予定している研修について、ご説明
　　　に参りました。

斉木　どういうことかな？　それは、来週の会議の席上でもい
　　　いんじゃないのか。

沢田　はい。前理事長のときには、会議の前に一通り説明する

ことになっていたものですから。

斉木　……。

沢田　いかがいたしましょうか。

斉木　きみね。私の話を聞いていなかったのかな。

沢田　来週の会議の席上でということですね。承知しました。
　　　ところで、理事長に伺いたいことがあります。今後も、
　　　研修内容の説明については、事前ではなく会議の席上で
　　　よろしいでしょうか。

斉木　そんなことは、自分で判断しなさい！

　　沢田課長は、挨拶をして理事長室を出た。その瞬間、腸
　が煮えくり返るような思いでいっぱいだった。このムカム
　カした気持ちは、初めての体験だ。そして、部長のことが
　気になった。
　　斉木理事長が着任して１カ月が過ぎた。職員たちは、職
　場の雰囲気が変わってしまい、この１カ月がとても長く感
　じた。明らかに変わった点は、理事長室へ向かう足がみな
　重くなったということだ。
　　報告・連絡したいことはたくさんあるが、「また罵声を
　飛ばされるんじゃないか」と、恐怖心が募っていくばかり
　である。理事長の都合で延期されていた研修を承認するた
　めの会議が行われた。

斉木　もういい、わかった！　沢田課長の説明はくど過ぎる。

　　　　もっと簡潔に説明できないのか。

沢田　はい。申し訳ございません。

斉木　きみが今回の研修の受講者になるべきじゃないのかな？

沢田　はぁ～。

斉木　ここの管理者は、説明力がない者ばかりだ。話を聞いて
　　　いるとイライラしてくるよ。

沢田　……。

斉木　論理的で端的に説明できなければ、ただただ会議が長引
　　　くんだよ！　わかっているのか？

沢田　はい。以後、気をつけます。

斉木　以後、気をつけるじゃないよ。この１カ月、ここの職員
　　　と接して思うけど、みんな職務能力が低すぎるよ。呆れ
　　　るくらいね。

沢田　……。

斉木　能力が低いんだから、私の言う通りに行動しなさい。

沢田　理事長！　お言葉を返すようですが、うちの職員は、み
　　　な優秀です。職務姿勢も真面目で、気働きもできます。

斉木　きみはバカか。どこを見て、優秀だと言えるんだ。私の
　　　やり方にしたがえない者は、基本的に無能なんだよ。

沢田　理事長、それは言い過ぎではないですか！

斉木　私の言うことに反論するのか？

沢田　……。

斉木　わかった！　無能な人間に教育するのは、ムダというも
　　　のだ。今後の研修は見直しだな。

沢田　理事長！　私は、研修課での仕事は2回目で8年間のキャリアがあります。教育を止めてしまったら、どうやって人材を育てるんでしょうか。

斉木　いったいきみは何を言ってるんだ！　いつ止めると言った！　私の言いたいことを察知しなさい。

沢田　はっ、はい。では、今回の「プレゼンテーション・スキルアップ研修」は、実施でよろしいでしょうか。

斉木　好きにしなさい。きみの責任のもと実施して、効果がないときは、わかっているね！

　　　沢田課長は、理事長が意図することがわからず困惑した。会議に出席している役員たちが、手を差し伸べてくれたお陰で、会議は終了した。沢田課長は、今回の会議で納得のいく承認をえることができなかったが、当初の計画通り5カ月後に迫っている研修を実施することにした。
　　　全国の職員が集まる研修は、まだ他にも計画されている。その都度、承認をえることが恐怖で億劫になった。

沢田　坂本部長、ご相談があるのですが、いま、よろしいですか？

坂本　何かな。

沢田　理事長のことなんですが……。

坂本　課長も感じていることがあるんだね。

沢田　はい。正直、仕事がしづらくて困っています。普通に報

　告しているだけなのですが、急に怒り出すというか、職
　員を侮蔑するような発言が多すぎます。私は"バカ"と言
　われました。こんなこと体験したことがないですよ。大
　人げないと思うかもしれませんが、理事長のところへ報
　告に行くのが億劫で……。

坂本　恥ずかしいが、私も課長と同じ気持ちだよ。どうしたら
　　　いいんだろうね。私も……参っているんだよ。

> 沢田課長は、理事長室や会議室でのやりとりを伏せてお
> こうと思っていたが、つい話してしまった。

沢田　部長、理事長に"能力が低いんだから、私の言う通りに
　　　行動しなさい！"と言われましたが、教育については、
　　　我々の主要業務でキャリアも豊富です。理事長に"何が
　　　わかるのか"という思いです。

坂本　課長の気持ちはわかる。

沢田　部長、本年度の研修予算はすでに確保しています。研修
　　　の一つひとつの承認をえる必要がありますか。

坂本　あるね。我々が勝手な判断をして実施したら、事業のシ
　　　ステムや組織のルールを崩すことになるからね。何より、
　　　理事長の逆鱗に触れるよ。想像しただけでゾッとする。

沢田　そうですよね。これからもずっと、怒鳴られることを覚
　　　悟して、報告に行かなければいけないんですかね。自分
　　　自身、耐えられるかどうかわかりません。

坂本　私も限界だよ。寝られない日が続いてね……。

沢田　部長！

坂本　あっ、申し訳ない。弱音を吐いてしまったね。気にしないで。課長は自分の仕事をこれまで通り、誠実にこなしてくれたらいいから。課長をはじめ、研修課の力になれなくて本当に申し訳ない。

沢田　部長！　何をおっしゃるんですか。

沢田課長は、坂本部長の力のない言葉が気になった。

井上　沢田課長、斉木理事長って、おもしろい方ですよね。いろんなことを教えてくれるんですけど、話が尽きなくて、昨日のランチタイムは本当に楽しかったです。

沢田　えっ、理事長と食事したの？

井上　はい。研修課の女性３名が誘われて。来週も一緒に食事することになりました。

沢田　そうなんだ……。

　沢田には、あの理事長に優しい面があることが信じられなかった。女性たちには、別の顔を見せるのか？　理解不能だったのである。

　沢田課長の怒鳴られる日々は続いた。とことん疲れ果ててしまった沢田課長は、唯一、弱音を吐ける同期の川野総務課長に相談することにし、仕事帰りに二人で飲みに行っ

　た。そして、これまでのできごとをすべて正直に話した。

川野　大変だったな、沢田！

沢田　あぁ。川野、オレらしくないと思うんだけど、このまま
　　　　だとメンタル面がおかしくなってしまいそうだよ。

川野　そうだな。それだけ理不尽な対応をされたら、誰だって
　　　　参ってしまうよ。沢田だから、持ちこたえていると思う。

沢田　ありがとう。怒鳴られることに慣れるというのも変な話
　　　　だけど、今日、理事長室で顔に書類を投げつけられてね。

川野　えっ!?

沢田　ただ、報告に行っただけなのに……。"報告が遅い。無能。
　　　　言われた通りに仕事をしていればいいんだ。理事長の命
　　　　令が聞けないのか？"って。今日は、自分の中で何かが
　　　　切れて、トイレで泣いたよ。こんなことは初めてだ。つ
　　　　らいよ。この年になって情けない。

川野　沢田、そんなことをされたら、オレだって泣くよ。実は、
　　　　オレも数回、怒鳴られたことがあるんだ。で、考えてみ
　　　　れば、すべては理事長の人格の問題だと思う。だから沢
　　　　田は、気にするなよ。

沢田　ありがとう。これまでやってきた仕事の仕方をすべて覆
　　　　されるのは、今後どうやって仕事を進めたらいいか、わ
　　　　からなくなるよ。

川野　結局、そこなんだよ。理事長のご機嫌をとるような仕事
　　　　はしたくないからな。理事長にとって、耳触りの良い話

ばかりもしていられないし。どうしたらいいんだろう？
いっそのこと、パワハラで訴えようか。

沢田　そうだな。オレは、坂本部長のことが気になるんだ。

川野　沢田も気づいていたんだ。

沢田　以前、理事長室で怒鳴られているのを聞いたことがある
んだ。それに先日、部長に相談したとき、オレのことど
ころじゃないって雰囲気だった。相当、疲れているのか、
やつれた様子が気になってね。

川野　実は、総務課のメンバー全員が気にしているんだ。

沢田　でも、女性たちの反応はどう？

川野　それそれ。不思議なんだけど、みんな"理事長はいい人だ"
って言うんだよな。おかしいと思わないか。

沢田　やはり、そうか。うちの女性たちも同じだ。

川野　ということは、男性ばかりに牙を剥き出してくるってこ
とか。結局、弱い人間なんだよな。

沢田　川野は冷静だな。羨ましい。

川野　沢田！　弱い人間ほど吠えると思えよ。いま、気持ちを
切り替えなかったら、潰れるぞ。

沢田　川野、ありがとう。気持ちが楽になった。やっぱり川野
に相談して良かった。本当にありがとう。

川野　また何かあったら、二人で飲もうな。

　　翌日の沢田課長は、同期の川野課長に悩みを打ち明け、
かなり気分が晴れた様子だった。そして、自分の仕事に専

念していた。そのとき、電話が鳴った。かけてきたのは斉
木理事長で、すぐ理事長室に来るようにということだった。
沢田課長は、一瞬硬直した。

沢田　失礼いたします。

斉木　遅い！　きみは本当にのろまだな。まぁ〜、日ごろの仕
　　　事振りを見ていればわかるけどね。

沢田　……。

斉木　坂本部長は何をしているんだ！

沢田　部長も呼ばれているんですか。

斉木　無能な部下たちに説教、いや教育をしようと思ってね。

坂本　失礼いたします。大変遅くなりました。

　　坂本部長が挨拶をし終わった瞬間、筆記具が坂本部長の
顔面を直撃した。

坂本　（うっ）

沢田　何をするんですか。理事長！

斉木　きみは、私の許可を取らずに事務備品を購入したね。

沢田　はい！　庶務課長の承認があれば購入できますから。

斉木　私を誰だと思っているんだ。トップはオレだ。何でも私
　　　の許可なくして行動してはいけないんだよ。

沢田　どういうことでしょうか？　理事長がおっしゃっている
　　　意味がわかりません。ご説明いただけますか。

斉木　うるさい。とにかく私の言う通りに動けばいい。坂本部長！　こういう口答えをするような部下を育てたきみの責任は大きいぞ。

沢田　理事長！　理事長の発言は独り善がりで、恫喝です。もっと職員を信じて、仕事を任せてください。お願いします。

坂本　課長、もういい。

斉木　あぁ〜、学力が高い人間と仕事をしたいもんだな。そもそも素養や学力が高ければ自分で能力を高めていけるからね。研修なんて必要ないんだよ。

沢田　そうでしょうか。自己啓発はともかく職務能力については、組織が責任を持って行なっていくことではないですか？　失礼とは思いますが、理事長は人材育成の必要性やノウハウを理解していないと私は思います。

斉木　なにぃー、研修課は解体だ、解体！　わかったか。

　　その後、精神的に参ってしまった坂本部長が休職した。沢田課長も、病院で睡眠薬を処方してもらうようになった。

　　以前、斉木理事長の部下だったという人物から、川野課長は「強力なコネがあるため働いていられたが、無能な上司だった。職場の空気は常に重く、退任したときは、みんなでお祝いした」という情報を入手してきたのだ。

　　管理者たちは、いつまで我慢しなければいけないのかと茫然自失となった。

〔 ストーリー2 解決策 〕
「精神的な攻撃を受けたとき」
暴言を上司から浴びせられたとき、どうすればいい？

　労働者を脅迫するような言動や人格を否定するような侮辱、名誉棄損に当たる言葉、ひどい暴言は、「精神的な攻撃」型のパワハラに該当すると考えられます（厚生労働省ホームページより）。

　このストーリー２の行為者は斉木理事長（63歳）。被害者は沢田課長（50歳）として考えてみます。二人の間に何があったのでしょうか。

パワハラが起こった背景とは？

理不尽な態度をとる理事長に職場内の空気が一変

　人事異動の季節になると、省庁からどんな理事長がやってくるのかと、話題になる政府系組織法人M。そんな法人Mに、キャリア出身の斉木新理事長が赴任してきました。その理事長に理不尽な罵声を浴びせられ、腹が煮えくり返るような思いを繰り返している沢田課長です。

　この職場で起こっている問題をパワハラの定義にてらして、リーダーシップの視点から見ていきます。

①優越的な関係を背景とした言動

斉木理事長は組織のトップであり、直属ではないが、沢田課長の上司にあたりますので、優越的な関係を背景とすることができます。

②業務上必要かつ相当な範囲を超えたもの

この問題は、「必要かつ相当な指示や支援を受けていない」場合に生じます。沢田課長の喫緊の業務は、「5カ月後に迫ったプレゼンテーション・スキル研修の実施」です。「研修課の仕事は2回目で、8年間のキャリアがあります」と訴えているように、長年問題なく進めてこられた自信もあり、期待基準にあった仕事振りだったと言えます。斉木理事長の赴任前までは、沢田課長は必要かつ相当な指示や支援を受けており、「研修の企画と実施」という業務は適正な範囲でした。

しかし、斉木理事長が赴任してから、次のような罵詈雑言の数々が、坂本部長、沢田課長、職場全体に飛んできました。

◇上司である斉木理事長の発言

・もっと簡潔に説明できないのか。

・話を聞いているとイライラしてくるよ。

・論理的で端的に説明できなければ、ただただ会議が長引くんだよ！

・みんな職務能力が低すぎるよ。

・私の言う通りに行動しなさい。

・基本的に無能なんだよ。

　どうやら斉木理事長は、職場に「論理的で端的に説明する」という新しい期待基準を要求してきたようです。新しい期待基準や業務を要求する場合は、必要かつ相当な指示や支援も同時に行う必要があります。部下にとっては初めてで慣れないことなので、具体的な指示や期待基準通りに業務を行なっているのか、確認などの支援が必要です。

　新しい期待基準を求めるのであれば、「どのような期待基準なのか」、その基準を満たすためのやり方の細かな説明などが必要です。しかし、斉木理事長は必要かつ相当な指示や支援もなく、いきなり職員を無能扱いし、「私の言う通りに行動しなさい」と命令しはじめました。

　このような一方的な暴言が繰り返されることにより、坂本部長も沢田課長も他の職員たちも怖くて理事長室に行く足も重くなり、業務に支障をきたすようになってしまいました。

　斉木理事長の行動は、まさに「業務上必要かつ相当な範囲を超えたもの(言動)」になります。

③労働者の就業環境を害すること(身体的もしくは精神的な苦痛を与えること)

　この職場は、理事長の人柄によって職場の空気が一変すると言われる通り、斉木理事長が着任してすぐに職場の雰囲気は変わってしまいました。坂本部長は休職し、沢田課長も睡眠薬を処方してもらうほどの精神状態に陥ってしまいました。

　川野課長によれば、斉木理事長は強力なコネで採用されたらしく、前職では無能な上司と思われていたとのことです。さら

に、男性職員と女性職員に対する態度がまったく異なり、女性
職員たちとはランチに誘って楽しくやっているようです。

◇部下である研修担当の沢田課長

- ・斉木理事長の対応に、腹が煮えくり返るような思いでいっぱい。
- ・このムカムカした気持ちは初めての体験。
- ・仕事がしづらくて困っています。
- ・職員を侮辱するような発言が多すぎます。
- ・何かが切れて、トイレで泣いた。
- ・病院で睡眠薬を処方してもらうようになった。

◇総務の坂本部長（斉木理事長の部下であり、沢田課長の上司）

- ・罵声が飛ぶので、理事長室に向かう足が重くなった。
- ・私も……、参っているんだよ。
- ・私も限界なんだよ。寝られない日が続いてね……。

◇研修担当の井上係長（斉木理事長、坂本部長、沢田課長の部下）

- ・昨日のランチタイムは本当楽しかったです。
- ・来週も一緒に食事することになりました。

　同じ目標を達成しようという研修課のチームに対して、斉木

理事長は男性職員たちには罵声を浴びせ、女性職員たちとは楽しくランチをするというバランスの悪い部下指導を行なっています。これでは、部下たちの間に不公平感を感じさせてしまい、就業環境は悪化します。

　斉木理事長は、優越的な関係を背景に、必要かつ相当な指示や支援を行わず、一方的に新しい期待基準を押しつけ、男性職員たちに罵声を浴びせたり物を投げつけるなど苦痛を感じさせ、女性職員とは異なる不公平な扱いをして就業環境を悪化させています。

パワハラから脱する方法とは？

　このストーリーではどうしたらいいのでしょうか。
「自分が行動することで解決する」が基本です。当事者の一人である沢田課長がとれるステップを考えてみます。

> **【方向性イメージ】を思い描く**
> 　現状の問題から離れて、頭も心もゼロにして、「もっとも安心を感じている自分」。未来の自分の状態は、どのような状態かを思い描きます。

　沢田課長が「安心を感じている自分」は、どのような状態かを思い描きます。たとえば、「斉木理事長が職員を侮辱せず、罵声を浴びせない状態、以前のように仕事がうまく回る状態」

が安らぐと感じているとします。

　そうなるためには、職場がどうなっていればいいかを考えます。斉木理事長が部下たちに期待すること（期待基準）は、職員たちの報告の説明や書類が論理的で端的であることです。主語を「私」にして方向性イメージをつくります。

沢田課長の「方向性イメージ」

私が職員たちも含めて、論理的かつ端的な書類を作成し

報告を行い、斉木理事長が納得している状態

　方向性イメージには「斉木理事長が罵倒しない状態」というような「〜しない状態」のような否定形は使いません。もっとも自分が望んでいる「〜している状態」という肯定的な表現を使います。こうすることで、「自分は前に向かってどのような行動をとればいいのか」を考えやすくします。

【支援】を探す

　方向性イメージに向かう自分の能力と意欲を高めるための支援を周囲360度探します。現在、過去、未来の周囲360度を想像します。

「斉木理事長が納得する論理的で端的な書類を作成し、報告する能力」の向上に対する支援を探します。斉木理事長の期待基準を満たした業務を行なっている職員がいれば、その職員（た

ち）にやり方を教えてもらったり、その職員たちの仕事振りを真似ることが考えられます。

　女性職員たちは女性というだけでうまくいくようですから、ここではカウントに入れず、男性職員でうまくいっている職員を探し出します。

　また、斉木理事長が作成した過去の書類を真似ることもできます。どのような書類を論理的で端的というのか、斉木理事長本人の見本を確認し、そのパターンで報告書を作成することも考えられます。

　過去の書類を閲覧するのに制限があるようであれば、誰を通せば閲覧できるのかを調べます。

　斉木理事長の期待基準がある程度見えてきたら、自分は何ができていなかったのか、何が不足していたのかを確認することができます。

　そのために必要な能力は何かを知り、その能力を高めるために支援者たちに教えてもらったり、情報を提供してもらったりします。また、外部講座を受講するなど、さまざま可能性を探ります。

　罵倒されているのは沢田課長だけではなく、多くの男性職員も罵倒されています。女性職員だけに優しいというアンバランスな部下対応は就業環境の悪化につながりますので、この問題にも働きかけをします。

　そのためには沢田課長と同じように、男性職員たちにも「斉木理事長の期待基準を知り、論理的かつ端的な書類を作成し、

報告する能力」を高めてもらうことが考えられます。沢田課長を筆頭に、男性職員同士が協力してお互いの能力を高め合うようにするのです。

　意欲を高める支援としては、職場で大変な思いをしているときは、家庭や友人など業務とは関係のない居場所はホッとします。

　沢田課長は睡眠薬がなければ眠れないほどの状態であれば、同僚の川野課長に「悩みを打ち明け、かなり気分が晴れた」ように、友人や家族に愚痴を聞いてもらったり、子どもたちと遊んで気晴らしすることなどで安らぐこともあります。

【資源】を選ぶ
　探し出した支援をえるために、自分のどの資源を使うかを選びます。

　沢田課長が他の職員たちから支援を受けるには、日ごろの協力関係が役立ちます。単に良好な関係というだけではなく、お互いに協力し合っていれば、「いつも助けてもらっているから」「あなたのためなら」と感じさせる人間性が、沢田課長の資源になります。

　情報入手や書類閲覧などについては、その窓口や担当者への働きかけが必要ですが、「なぜ、その情報や書類が必要なのか」納得のいく理由も欠かせません。そういった説得力もあれば沢田課長の資源になります。

　日ごろ、女性職員たちとも良好な関係であれば、斉木理事長とうまくいっている女性職員とともに報告する。女性職員に報告する業務を割り当てるなどの方法も考えられます。

　家族であっても友人であっても、「あなたに元気になってもらいたいから励ましたい」と感じてもらうには、やはり普段からの人間関係が大事であり、そうしてもらえるということは、沢田課長に「支援してあげたい」と感じさせる人間性という資源があることになります。

【リーダーシップ】を試行錯誤する

　方向性イメージに向かって、探し出した支援に「働きかけ」ます。相手が「支援したくなるように」、自分の資源を感じさせて影響力をおよぼします。

　失敗することもあるし、一筋縄ではいかないことを前提に、あきらめず一歩一歩進みます。

　沢田課長が、周囲の職員たちを巻き込んで、「論理的かつ端的な書類を作成し、報告する能力」を高める活動を行なっていることを斉木理事長が知れば、何らかのプラスの影響を与えることになります。

　小さなプラスの影響であっても蓄積されれば、それなりの大きさのプラスの影響になります。この活動は沢田課長や職員にとっても、一層の能力向上のチャンスにもなります。結果として、斉木理事長も納得すれば、実りある活動になります。

方向性イメージは非現実的だと思える希望を思い描くので、すぐに事態は好転しないかもしれません。しかし、周囲360度から支援を探すので、たった一人でやっているわけではありません。味方がたくさんいるという気持ちで進められます。

　不眠症になるほどの精神的ショックについても、良好な人間関係を資源として、味方や仲間たちに支援を求めることができます。

　沢田課長の活動は、斉木理事長から無理難題を突きつけられても、職員たちが一丸となり、協力し合って目標を達成するためのチーム活動になります。

　斉木理事長の期待基準に応えられるようになれば、男性社員だけを目の敵にすることもなく罵声も減っていきます。このような職場全体の協力態勢によって、悪化していた就業環境も改善されます。

Chapter 3

〔ストーリー3〕 **人間関係からの切り離し**

地方銀行のK支店

松倉 〔テラー〕

清家 〔課長〕

〔ストーリー3〕

　地方銀行のK支店でテラー業務を担当している女性が、産前・産後休暇と育児休暇を取得した。子どもを受け入れてくれる保育園がなかなか見つからなかったため、2017年3月の『育児・介護休業法改正』により、育児休業期間を2年に延長した。

　休業期間を終えようとしていたとき、努力の甲斐があり、保育園が決まった。そして、いよいよ職場復帰の日を迎えた。

清家 ⋯ 課長（入行18年、男40歳）

戸部 ⋯ 支店長代理〈係長級〉（入行13年、男35歳）

新谷 ⋯ 主任（入行6年、男28歳）

小山 ⋯ テラー（入行7年、女29歳）

松倉 ⋯ テラー（入行7年、女27歳）

　清家課長は、K支店に着任後、法人営業に力を入れた。課長自らが陣頭指揮をとった結果、順調に営業成績を上げている。

　いずれ次長、そして支店長候補と将来を嘱望されている存在で、大学の先輩である支店長から大変、かわいがられている。今日は、育児休暇中だった松倉が職場復帰する日である。職場の雰囲気が変わっていないだろうか、と松倉は気になっていた。

松倉　みなさん、おはようございます。本日から職場復帰となりました。よろしくお願いいたします。

清家　よろしく。松倉さん、2年のブランクを早く埋めてね。それから業務の引き継ぎもあるし、いきなりハイカウンターで仕事をするのも効率が悪いだろう。しばらく後方支援を頼むよ。

松倉　はい。

> 　コンビニへ行けば、ほとんどATMが設置されている時代。そして、オンラインバンクのサービスも充実している。
> 　メガバンクも地銀も一般職の採用を押さえている中、この仕事を失いたくないという強い思いが松倉にあった。また、2年くらいのブランクなら、すぐ取り戻せると思った。午前の業務が一段落した松倉は、社員食堂へ向かった。

小山　新谷さん、今朝の松倉さんの挨拶ですけど、私たちに対する言葉がなかったですね。

新谷　どういうこと？

小山　仕事の負荷が私たちにかかっていたことをどう思っているのかなぁと思って。

新谷　そうだな。休む人って意外とクールなんだよ。休暇制度は、労働者としての権利だからね。

小山　それはわかります。でも、「いろいろとご迷惑をおかけいたしました」のひと言くらいあってもいいと思うんで

すけど。

新谷 小山さんの気持ちはわかる。現に、これまで育児休暇を
　　　取得した人たちは、みんな復帰したとき、職場の一人ひ
　　　とりに挨拶して回っていたからね。

小山 そうでしょ？　松倉さんには、それがないのよね。ちょ
　　　っとムッとしちゃいました。

新谷 小山さん！

松倉 お二人とも、ここにいたんですね。相席よろしいですか。

新谷 あっ、いいよ。どうぞ。久しぶりの職場はどう？

松倉 まだテラー業務をやっていないので、何とも……。

新谷 そっかぁ。

小山 お先に失礼します。松倉さん、ごゆっくり。

新谷 じゃあー、私も失礼するよ。

　　　松倉は、後方支援として、ATMの現金補充や庶務など
　　の仕事をしたが、1週間ほど経過したときのこと。

松倉 課長。私はいつからテラー業務に戻れますか。

清家 まだ無理だよ。

松倉 えっ。

清家 松倉さんも、テラーの仕事を見て気づいたと思うけど、
　　　この2年間でテラーに求められる能力がかなり変わって
　　　きた。

松倉 えっ、気づきませんでした。

清家　この1週間、何をやっていたんだい。後方支援だけに没頭していたわけじゃないよね？

松倉　……。

清家　まぁーいい。テラー業務に早く戻りたいんだったら、みんなが窓口でどういう動きをしているのか、よく見ておくことだ。

松倉　課長。どなたかに指導してもらいたいのですが。

清家　松倉さん。新人じゃないんだよ。そもそも変化に気づけなくてどうするつもりなんだい？

松倉　はい。

清家　この1週間、ムダな時間を過ごしたね。挽回するためにも気合いを入れて頑張ってくれよ。

松倉　はい。私、すぐテラー業務ができるものだと勘違いしていました。申し訳ございません。頑張ります。

　　松倉は、テラーの動きを見たり、お客様とのやりとりに耳を傾けたりした。正直、窓口で保険商品や投資信託を紹介した経験はあったが、積極的に販売するという意識を持っていなかった。
　　テラーたちが営業トークを駆使して、取扱商品を販売している姿を見た松倉は、テラーに対する期待の大きさにショックを受けた。

松倉　課長がおっしゃった変化の意味がわかりました。

清家　そう。で？

松倉　私も営業トークというか、販売のノウハウを学びたいと
　　　思います。

清家　そうだな。学んで！

小山　課長、お話し中、申し訳ございません。ただいま、窓口
　　　にお越しのお客様が退職金の運用について相談したいと
　　　いうことです。課長、代わっていただけますか。

清家　わかった。小山さん、お客様に今日はお時間があるかを
　　　聞いて、30分でもお時間をいただけるようだったら、す
　　　ぐ応接室にお通ししてくれるかな？

小山　はい。かしこまりました。

> 　取り残されたような気分になった松倉は、2年というブ
> ランクの大きさを実感し、簡単にテラー業務には戻れない
> と思った。

戸部　松倉さん、電話！　外線5番ね。

松倉　はい、5番ですね。"もしもし、お電話代わりました。
　　　松倉です。……はい。……はい。すぐ参ります。"

戸部　どうした？　誰から？

松倉　保育園からです。子どもが高熱を出したので、迎えに来
　　　てほしいと……。

戸部　すぐ、行ってあげたほうがいい。大変だね。

松倉　ありがとうございます。

戸部　松倉さん、今日は戻らないよね？

松倉　たぶん、そうなると思います。

戸部　いま、やっている仕事が途中みたいだけど。

松倉　どなたかにお願いしていただけますか？　とにかく、私
　　　は急ぐので、これで失礼いたします！

戸部　はぁ？

> 戸部は、上司に向かって命令する松倉の言動に呆れた。
> そのとき、お客様対応をしていた清家課長が自席に戻った。

清家　あれ？　松倉さんは、どこへ行ったの？

戸部　早退しました。お子さんが熱を出したということで。

清家　大変だな。今後もこういうことは続くんだろうね。

戸部　どうでしょうか？

清家　本人は、テラー業務に早く戻りたいみたいだけど。

戸部　無理、無理ですよ！

清家　そうだよな。お客様との接点であるテラーが、家庭内の
　　　問題で気もそぞろじゃ困るから。

戸部　そうです。

清家　しばらく、後方支援のままだな。

> 誰もが、子育て真っ只中の社員を応援したいという気持
> ちを持っていた。そして、仕事と家庭の両立のむずかしさ
> を知っていた。

松倉は、子どもの体調が整うまで会社を休み、3日ぶりに出社した。この日も営業やテラーのバックアッパーとして頑張ろうと思っていた。ロッカールームに入ると、同期の小山がすでに着替えをしていた。

松倉　小山さん、おはよう。

小山　おはよう。

松倉　私も早くテラー業務をしたくて。

小山　…そうだね。

松倉　小山さん、バックアップしてもらいたいことがあったら、何でも私に言ってね。

小山　……。(何を言ってるの!)お先、失礼いたします。

　小山の様子がいつもと違うなと思いつつ、松倉は着替えをすませて席に着いた。お昼休憩は、シフト制になっている。今日の松倉は、午前11時30分から休みだ。いつもなら社員食堂へ直行するところだが、今日は清家課長の席へ向かった。

松倉　課長、ご相談したいことがあるのですが、お時間をいただけないでしょうか。

清家　お子さんの具合は良くなったのか。

松倉　お陰さまで良くなりました。課長!

清家　お昼までに仕上げなければいけない書類があるんだよ。

話は後でお願いしたい。

松倉　では、いつ頃、お時間をつくっていただけますか。

清家　あのね、松倉さん、刻々と書類の締め切り時間が迫って
いるんだよ。この状況を見て、わからないかな？

松倉　はい。また後で来ます。

清家　……。

> 　松倉と入れ替わりで、清家課長と戸部代理が食堂に入っ
> た。

新谷　課長、あっ、支店長代理もご一緒なんですね。

清家　新谷くん、ここいいかな？

新谷　どうぞ。

戸部　新谷くん、午後は外回りだよね。

新谷　はい。アポが4件入っています。

清家　ほぉ～、さすが新谷くんだ。効率よく営業しているんだ
ろうね。

新谷　メインのお客様の会社を中心に、短時間で訪問できるよ
うにアポを取っています。営業としては当たり前のこと
です。

戸部　頼もしいですよね。課長！

清家　本当だね。頼もしいよ。新谷くん！

新谷　ありがとうございます。では、私はこの辺で失礼いたし
ます。行ってきます。

戸部　行ってらっしゃい。

清家　戸部代理、新谷くんのような部下がいると、職場も明るくなるし、こちらまでやる気が出てくるね。

戸部　そうですね。私もウカウカしていられませんよ。

> 清家課長が、午後の執務をしようと席に着いたとき、松倉がまたやって来た。

松倉　課長、テラー業務は、いつ頃からできるのでしょうか。

清家　また、その話？　前も言ったと思うけど、いまはテラーにも営業力を求めているんだ。口座開設や出入金の仕事をしていればいいという時代じゃないんだよ。わかる？

松倉　はい。

清家　松倉さんは、何か努力をしているのかな？

松倉　していません。……ただ、テラーの動きはチェックしています。みんな営業トークが上手いと思います。どうやって学んでいるのかと思って……。

清家　松倉さんは、キャリアブランクがあるんだから、相当努力をしなければいけないよ。同期の小山さんや他のテラーたちと話をしてみたら？

松倉　そうですね。今度、いろいろと話してみます。

> 松倉は、戸部代理からもアドバイスをもらいたいと思った。

松倉　戸部代理、少しお時間よろしいですか？

戸部　何かな？

松倉　テラーに求められている営業力を磨くためには、何をし
　　　　たらよろしいのですか。

戸部　それって、課長と話していたことと同じ質問？

松倉　はい。

戸部　松倉さんね！　回答は、課長と一緒だから。それより自
　　　　分の仕事をしてくれるかな。

松倉　……。失礼いたします。

　松倉は、頭を抱えるばかりだった。何とか業務を終え、
そして、ロッカールームで着替えていると、小山が入って
来た。

松倉　小山さん、お疲れさまです。

小山　お疲れさま。

松倉　小山さんたちは、どうやって営業力を磨いているの？

小山　……。

松倉　小山さん、いろいろと教えてもらいたいの。今度、時間
　　　　をつくってくれない？

小山　……。

松倉　ねぇ、お願い、小山さ～ん。

小山　お先に失礼いたします。

松倉は、小山だけではなく、職場の雰囲気そのものが変わってしまったと感じた。モヤモヤした気持ちを抱えたまま働いている松倉は、時間だけが過ぎていくことに空しさを覚えた。

　そして、出勤するのが億劫になっていった。松倉は、後方支援も重要な仕事であることを理解しているのだが、お客様と接する機会が多いハイカウンターの仕事をやりたいのだ。

　松倉は、2年というブランクはすぐ挽回できるという自分の考えの甘さを思い知った。そして、課長の「努力はしているのか」という言葉を思い出した。正直、この1カ月は、指示された業務をこなすのが精一杯だった。

　自分を変える第一歩として、明日からは、支店が取り扱っている商品の知識を徹底して覚えようと思った。

松倉　おはようございます。課長、私のやるべきことがわかりました。これからも、よろしくお願いいたします。

清家　そう。

松倉　戸部代理、私、投資信託に関する知識をもっと増やしたいのですが、教えていただけますか。

戸部　それね。新谷くんに聞いてよ。

松倉　はい、わかりました。

新谷　松倉さん、電話。5番ね。

松倉　ありがとうございます。

> 電話を切った後、松倉の表情が曇った。

松倉　課長。子どもが熱を出して……あのぉ、……。申し訳ご
　　　　ざいません。
清家　……。

> 今日から気持ちを入れ替えて頑張ろうと思っていた矢先
> のできごとに、松倉はロッカールームで泣いた。

清家　戸部代理、松倉さんには、仕事を任せられないね。すべ
　　　　てを現場がフォローしなければいけないんだから、困っ
　　　　たもんだ。
戸部　課長のおっしゃる通りです。
新谷　松倉さんは、やる気があるんでしょうか。
小山　ないんじゃない？
清家　話はここまでにして、さぁ、仕事、仕事！　明日、ラン
　　　　チミーティングでもどう？
戸部　いいですね。課長。新谷くんは営業から戻れる？
新谷　明日は、直行が1件。あとは夕方のアポですから、参加
　　　　できます。小山さんは？
小山　はい。シフトでは、午前11時30分から休憩です。よろし
　　　　いでしょうか。

戸部　いいよ。われわれが時間を合わせるから。

清家　小山さん、社員食堂内にあるランチミーティング用につくった小部屋があるでしょ？　あれ、いまから予約して。

小山　承知しました。

　翌日、松倉が欠勤するのではないかと思われていたが、いつも通りの出勤だった。松倉は、まるで前日の埋め合わせをしているような感じで、仕事に没頭した。そして、あっという間にお昼休憩の時間になり、食堂へ行った。

小山　あぁ〜楽しかった。課長、今日はこのような機会を設けていただき、ありがとうございます。

新谷　課長、今後も定期的にランチミーティングをしたいです。

清家　そうだね。気が合う仲間と食事をするのは楽しいな。仕事をする上でも活力になる。

戸部　あっ、松倉さんは、これからお昼ご飯？　ごゆっくり。

　小部屋から楽しそうに出てきた4人の姿を見た松倉は、ショックを隠せなかった。悲しい気持ちでいっぱいになり、食堂から出て行った松倉は、トイレに駆け込んだ。
　業務に戻れず、電話で早退の申し出をしたのだが、清家課長からは、「あっ、そう」のひと言しかもらえなかった。松倉のメンタルは、崩壊寸前だった。

〔 ストーリー3 解決策 〕
「人間関係からの切り離しにあったとき」
職場内で周りから避けられたときに、
どうすればいいのか？

特定の労働者に対して、仕事から外したり、別室への隔離・無視や仲間外しなどの行為は、「人間関係からの切り離し」型のパワハラと言います(厚生労働省ホームページより)が、3つめのストーリーの行為者は、地方銀行のK支店に勤務の4人。被害者は、育児休暇後に職場復帰したばかりの松倉さん(27歳)です。

パワハラが起こった背景とは？

育児休暇から復帰したものの、業務についていけない

育児休暇前、銀行内でテラー業務を担当していた松倉さん。2年間のブランクがありますが、テラー業務につきたいと意気揚々と職場復帰してきました。ところが、ここ最近の業務は経験がないため、なかなかその仕事につくことができません。業務を教えてほしいと希望するものの、それが面倒だと周りから疎まれ、仲間はずれにされはじめています。

この職場で起こっている問題をパワハラの定義にてらして、リーダーシップの視点から考えてみましょう。

①優越的な関係を背景とした言動

清家課長は松倉さんの上司なので、地位によって優越的な関係を背景とすることができます。「この仕事を失いたくないという強い気持ちがある」松倉さんにとって、清家課長の優越性はかなり大きなものです。

②業務上必要かつ相当な範囲を超えたもの

この問題は、「必要かつ相当な指示や支援を受けていない」場合に生じます。

松倉さんの育休後のテラー業務ですが、育休前と異なり、積極的な窓口での販売活動が期待されています。現在のテラー業務については、松倉さんはいままでやったことがなく、清家課長に「どなたかに指導してもらいたいのですが」と、助けを求めるほど能力は低く不安な状態です。

その松倉さんに対して清家課長は、「新人じゃないんだよ。そもそも変化に気づけなくてどうするつもりなんだい？」「しばらく、後方支援のままだな」などと叱責し、相談をするたびに「話は後で」「また、その話？」「同期の小山さんや他のテラーたちと話をしてみたら？」と突き放した言い方です。

松倉さんはテラー業務を任されたいと思っています。ですから清家課長や戸部支店長代理に指示や支援を依頼していますが、能力を高める支援も、意欲を高める支援も、受けることができていません。

◇テラーである松倉さんの言動

・私はいつからテラー業務に戻れますか。

・どなたかに指導してもらいたいのですが。

・積極的に販売するという意識を持っていなかった。

・テラーに対する期待の大きさにショックを受けた。

・取り残されたような気分になった。

・いつ頃、お時間をつくっていただけますか。

・テラー業務は、いつ頃からできるのでしょうか。

・職場の雰囲気そのものが変わってしまったと感じた。出勤するのが億劫になっていった。

　清家課長は、そんな松倉さんを避ける行動をとっています。避けるだけではなく、職場の他のスタッフたちだけを誘ってランチミーティングするなど、松倉さんを業務からも職場からも排除するような行動をとっています。これでは、松倉さんはいつまでたっても業務を進める能力が身につきません。

　清家課長は上司ですから、職場の人材活用という意味でも、松倉さんに能力向上をさせるための指導育成を行わなければなりません。子どもが発熱すると仕事を放り出して帰宅してしまう松倉さんには問題がありますので、それを正すのも上司の仕事です。

　松倉さんが「必要かつ相当な指示や支援を受けていない」状態が続くということは、パワハラの要因になります。

③労働者の就業環境を害すること(身体的もしくは精神的な苦痛を与えること)

つらい思いをしている松倉さんの状態の経過を見てみます。

第1場面

復帰直後は期待されている業務が以前と異なることを知り、新しい業務に対して不安になっています。「いつからテラー業務に戻れますか」「どなたかに指導してもらいたいのですが」と清家課長に指導や支援を依頼していましたが、一向に助けてもらえないので、取り残されたような気分になっています。

そんな中で、子どもが高熱を出し業務を途中で放棄し、業務の遂行責任を果たしていません。

第2場面

途中で業務を放棄したことで、職場の先輩や同僚からも疎まれ、味方を失っていきます。職場の雰囲気が変わり、松倉さんは出勤するのが億劫になっていきました。

しかし、松倉さんは、いまでも「お客様と接する機会が多いハイカウンターの仕事をやりたい」と思い、「支店が取り扱っている商品の知識を徹底して覚えよ

う」としました。この時点では、成長したいという前
向きの気持ちになっています。

第3場面

　そんなとき、松倉さんは小部屋から楽しそうに出て
きた4人の姿を見たこと、清家課長に早退の申し出を
しても、「あ、そう」のひと言しかもらえなかったこ
とで、メンタルは崩壊寸前になってしまいました。

　松倉さんは、「支店が取り扱っている商品の知識を徹底して
覚えようと思った」時点で、一時やる気が出ていました。しか
し、このときに清家課長が必要かつ相当な指示や支援をしてい
れば、松倉さんは能力を高めて職場に溶け込めていたかもしれ
ません。
　清家課長は手のかかる松倉さんを排除して、手のかからない
戸部代理、新谷主任、小山さんだけをランチミーティングに誘
い、松倉さんを低い能力のままにしていました。これは、優越
的な関係を背景にして、必要かつ相当な指示や支援を与えずに、
松倉さんに仲間はずれという精神的苦痛を与えているパワハラ
になります。
　では、松倉さんはどのようにすれば解決のための行動をとれ
るか、考えていきます。

パワハラから脱する方法とは？

「自分が行動することで解決する」が基本なので、松倉さんがとれるステップを考えてみます。

【方向性イメージ】を思い描く
　現状の問題から離れて、頭も心もゼロにして、「もっとも安心を感じている自分」。未来の自分の状態は、どのような状態かを思い描きます。

　松倉さんが「安心を感じている自分」、未来の自分はどのような状態かを思い描きます。

　松倉さんは「窓口営業をともなうテラー業務を任されること」を希望しています。清家課長や戸部代理や小山さんなど、職場の人々は助けを求めても助けてくれません。

　そこで、彼らに助けを求める前に、自分の能力を高めることを目指します。たとえば、「私が、窓口営業をともなうテラー業務をしっかりこなしている状態」が、安心し、やる気が出る状態だと感じているとします。

松倉さんの「方向性イメージ」

私が窓口営業をともなうテラー業務を
しっかりこなしている状態

> **【支援】を探す**
> 　方向性イメージに向かう「自分の能力」と「意欲を高める」ための支援を周囲360度で探します。現在、過去、未来の周囲360度を想像します。

「窓口営業をともなうテラー業務をしっかりこなしている状態」に到達するには、能力を高めてくれる支援が必要です。

　たとえば、商品知識については、商品カタログを徹底的に勉強し、他のテラーたちとお客様の会話を聞き、わからないことはテラーたちに尋ねます。覚えられるようにメモもします。

　この職場は、子育て真っ只中の社員を応援する職場風土があるので、周りに迷惑をかける前に悩みは積極的に相談します。商品知識も増え、バックアッパーとしてテラーたちから「松倉さんは頼りになる」と信頼され、戦力として認められれば、テラーたちとの専門的なやりとりも増えてきます。このようにして知識、経験、スキルを高めていくことができます。

> **【資源】を選ぶ**
> 　探し出した支援をえるために、自分のどの資源を使うかを選びます。

　松倉さんがすぐに活用できる資源は、商品カタログや子育て相談窓口です。すぐに学習開始、相談開始ができます。

窓口での営業トークは、お客様との臨機応変な対話が必要なので、スキル学習や経験が重要です。営業トークは一般的なものであれば、書籍でもインターネットでも探すことができます。

　しかし、業界特有、あるいはこの職場特有のスキルが必要であれば、そばでスキルを見せてくれる。また、不明な点は教えてくれるテラーを探す必要があります。この場合、日ごろの人間関係が大事な資源になりますが、ほとんどいないという場合は、これからつくらなければなりません。

　清家課長からバックアッパーとして任命されているので、その役割という資源を活用し、テラーたちに迷惑をかけないように、役立つようにバックアッパーとしての仕事に積極的に取り組みます。そのためには、何よりも商品を早急に覚えること、営業トークについても勉強を進めることが大事です。

　それでも子育て中は周囲の助けを必要とするものです。職場の仲間たちが、松倉さんの人間性に魅力を感じ、「あなただからこそ助けてあげたい」と快く言ってくれるように日々、人間関係の資源を蓄積していくことが役立ちます。

【リーダーシップ】を試行錯誤する

　方向性イメージに向かって、探し出した支援に「働きかけ」ます。相手が支援したくなるように、自分の資源を感じさせて影響力をおよぼします。失敗することもあるし、一筋縄ではいかないことを前提に、あきらめず、一歩一歩進みます。

　松倉さんが積極的に商品を学習し、バックアッパーとして後方支援に徹し、職場にとって役立つ行動を示していれば、徐々に能力も認められ、必要な人材になっていきます。そうすれば、「窓口営業をともなうテラー業務をしっかりこなしている状態」という方向性イメージに向かって前進していきます。

　能力が追いついていないのに、また、子育て中という現実があるのに、気持ちばかり早く一人前のテラーになりたいと先走っていると、周囲からも中途半端で焦っている様子が見えてしまいます。本人も、目の前の仕事に集中していないので、いい加減さやミスが増えます。

　方向性イメージは、もっとも自分が望んでいる状態であり、最高の状態です。その目的地は遠く、現在の自分は目的地までの道のりを一歩一歩進んでいる最中です。その一歩一歩を進めながら、バックアッパーとしての業務に全力投球している行動を見せなければ、誰も松倉さんに目を向けてくれません。

　職場では、一所懸命業務に取り組む行動こそが資源になります。最初は仕事ができなくても、精一杯取り組んでいる行動から示されるまじめさや、謙虚に学習する行動から示される誠実さは、松倉さんの資源になります。

　周囲が松倉さんの資源を感じてくれたら、それは松倉さんの影響力になります。周囲の人々は松倉さんに対して、「子育て中なのに、しっかり仕事をしているね」「何か支援が必要だったら言ってね」など、松倉さんがプッシュしなくても、周囲から自発的に支援を申し出てくれるようになります。

「周囲が何かしてくれる」ということは、「周囲に影響を与えている」リーダーシップであり、影響力を発揮していることになります。自分の資源を周囲に感じさせて影響力とすることは、方向性イメージに到達するための強力な武器になります。

　一筋縄ではいかないかもしれませんが、試行錯誤しながら進むこの道こそが、方向性イメージにたどり着く確実な道です。全力投球している松倉さんを見れば、清家課長をはじめ職場の仲間たちは、チームの一員として松倉さんを認めてくれ、支援してくれるようになります。

Chapter 4

〔ストーリー4〕 過大な要求

グローバル企業Gの日本支社

池田〔常勤産業医〕

末永〔健康管理室長〕

〔ストーリー4〕

　グローバル企業Gの日本支社では、約1600名の社員が働いている。米国人の社長の方針で、社員の健康管理を徹底して行なっている。健康管理室が設置されたのは18年前である。

　2015年に法制化されたストレスチェックの企画実施や結果分析、社員へのフィードバック、そして高ストレス者への個別面談など。設置当初に比べ、健康管理室の責務は増えた。

渋川 … 総務部長（入社23年、男50歳）

末永 … 健康管理室長（入社20年、男53歳）

池田 … 常勤産業医（勤務歴1年、女40歳）

上岡 … 看護師（勤務歴12年、女47歳）

綿貫 … 保健師（勤務歴5年、女38歳）

　子どもの小学校入学を機に、池田医師は、再び社会で自分のキャリアを活かしたいと思った。「子育ては自分の手で」という信念があった池田は、子どもを授かったとき、いったん医療現場から離れることにしたのだった。

　将来、医師としてのキャリアブランクをどのように埋めるのか。日々、葛藤はあったが、開業医である父親のアドバイスを受け、産業医の資格を取得していたのだ。

　実家のクリニックを手伝っていたときだった。池田はM

R（医薬情報担当者）からG社の産業医が退職し、英語で日常会話ができる医師を探していると聞いた。社会での再出発と思い、面接を受けて採用された。

　この1年間、池田はブランクを取り戻すかのように、がむしゃらに働いた。もともと内科医である池田は臨床と異なり、事務的な作業が多いことに驚いた。会社の許可をえて、学会に参加したり、また、社員向けの健康冊子も月1回発行したり、と多忙を極めた。

　健康管理室においても、ストレスチェック制度により、ストレスチェック調査票の配布から管理基本台帳の作成まで、膨大な量の仕事を抱えていた。G社では実施時期に限り、会社が任命した実施事務従事者5名が、産業保健スタッフとともに働いた。

渋川　先生、来年度の健康教育計画表は仕上がりましたか。

池田　部長、申し訳ございません。1週間ほど、お待ちいただけますか。

渋川　わかりました。社長に催促される前に提出したいもので。

池田　はい。

末永　先生、来月の健康冊子の件ですが、印刷会社から電話がありまして、入稿はいつかと聞かれたんです。いつ頃になりそうですか。

池田　そうですね、あと2日あれば何とか……。

末永　わかりました。そのように伝えておきます。

池田　ありがとうございます。

綿貫　先生、腹痛を訴えている女性が来ましたので、診ていただけますか。あと、高熱を出している男性も。

池田　女性をベッドに寝かせて。男性はソファーね。

綿貫　はい。

池田　上岡さんは、どこ？

綿貫　お昼の休憩中ですが、間もなく戻って来ると思います。

池田　助かるわ。

　　　この日の健康管理室を訪れた社員は12名だった。池田は診療の合間に原稿を書き切った。時計を見たら、もう終業時間になっていた。

池田　室長、来月の原稿が仕上がりました。室長のパソコンに原稿を送りましたので、お目通しをお願いいたします。

末永　わかった。ありがとう。先生、思ったより早くできましたね。助かります。本当に先生は仕事が早い。

綿貫　先生、あっ、お話し中でしたね！

池田　いいのよ。何？

綿貫　いま、総務部長から連絡がありまして、来月から本年度のストレスチェックがスタートするので、いろいろと計画を立てたいそうです。

池田　いまから？

綿貫　はい。そのようです。

池田　わかりました。綿貫さんも行くでしょ？

綿貫　あのぉ、私はちょっとやることがあって……。

池田　そう。上岡さんは？

上岡　はい。私も締め切りがあって、ちょっと……。

末永　先生、申し訳ないですが、今日は先生お一人で行ってい
　　　ただけますか？

池田　はい。わかりました。では、行ってきます。

末永　私も仕事に区切りをつけて、行くかもしれません。

池田　はい。

> 　池田は、昨年の『ストレスチェック対象者の管理基本台
> 帳』が必要だろうと、ノートパソコンを持参した。打ち合
> わせがはじまって間もなく、末永室長も参加した。

末永　いま、部長がおっしゃった通りだと思います。私も、昨
　　　年は評価に時間がかかったと思っています。

渋川　そうだね。今年は、衛生委員会の開催を1回増やして、
　　　早めに高ストレス者の選定をしようか。

末永　より一層、池田先生には頑張ってもらわないとね。

池田　評価基準の見直しについては、いつミーティングをしま
　　　すか。社長のご予定もあると思いますので。

渋川　そうだね。社長と日程調整をしますので、後日連絡します。

池田　はい。よろしくお願いいたします。

末永　昨年の高ストレス者は62名だったけど、今年は減るとい

いなぁ。ねっ、先生？

池田　そうですね。昨年は個別面談の時間が長くなり、他の業務にも影響が出ましたので、今年は人数が減ることを祈ります。

渋川　池田先生、おかしなことを言いますね。人数は減るんじゃないですか。この1年間、先生が社員の健康指導をしているんです。減ってもらわなきゃ困ります！

池田　……。

末永　そうですよね、部長。今年、高ストレス者が増えたら、先生は、この1年間、何をやっていたんだという話になりますから。

池田　ちょうど勤務して、1年が過ぎたばかりですので……。

渋川　ちょっと待って！　先生、いまのような発言を社長の耳には入れたくないなぁ。

池田　は、はい。

末永　どこの会社も同じだと思うけど、この会社はプロセス評価より、結果評価だからね。なかなかしんどいんです。

渋川　前任者の医師は、結果を出せなくて解雇されたし、うちはそういう会社なんだよね。

池田　はい。

渋川　では、この辺で終わろう。明日もよろしくお願いします。

池田は、外資系企業の体質を垣間見たような気がした。
池田は、いまの仕事が臨床医としてやってきた内容と違う

が、こなせない仕事とは思っていなかった。

　社員の健康教育がメインになった池田は、大人数の前で研修を実施する機会が増えた。それによって、研修用のスライド作成にも時間を割かれた。研修内容をどのように組み立てて展開したら、社員は自身の健康を考え、生活習慣を改善してくれるのか。池田は日々、頭を悩ませていた。研修のことを考えていると、時間があっという間に過ぎた。仕事に区切りがついたときには、終業時間を20分過ぎていた。

末永　先生、これから打ち合わせをしてもいいですか。

池田　室長、終業時間が過ぎていますが、いまからどのような打ち合わせですか。

末永　実は、昨年度の高ストレス者の原因になっている生活習慣を取りまとめて、データ化してほしいんです。

池田　昨年のですか。

末永　先生が面談したのですから、わかっていますよね。

池田　しかし、面談内容から探っていくしかないので、詳細については記憶が定かではありません。

末永　先生の記憶力だと大丈夫でしょ。あと、ストレスの内容ごとにというか、一人ひとりに対してというか、生活改善の仕方を書いたマニュアルを作成してください。どういう形でまとめるかは、先生にお任せします。

池田　室長、62名の面談内容を逐一覚えているかというと自信

がありません。

末永　無理なんですか。先生？

池田　はい。そういうことは、面談前に言っていただかないと。

末永　そうか。思い出せないということですね。わかりました。
　　　それでは、今年度はやっていただけますか。

池田　……。スタッフのお力を借りれば、……できるかもしれ
　　　ませんが……。

末永　いや、これは、医師である先生にお任せしたいです。上
　　　岡さんや綿貫さんにもできる仕事ですが、二人は定期健
　　　康診断や生活習慣病予防健診の取りまとめや社員へのフ
　　　ィードバックで忙しくしているんです。先生、何とかご
　　　理解いただけますか。

池田　室長、いまも終業時間をかなり過ぎています。今年度、
　　　この業務が加わるとしたら、過重労働になりますが。

末永　先生は医師ですよ。かなりタフだと思いますし、何より
　　　仕事が早い。先生なら問題ないでしょ？

池田　しかし、時間が足りません。やはり、スタッフの力が必
　　　要です。

末永　そうかな？　先生が面談結果をスタッフに伝えて、それ
　　　をスタッフが入力していく。この作業の方が時間はかか
　　　りますよ。やはり、先生お一人でやった方が早いですよ。

池田　……。少し考えさせてください。

末永　考える時間はありませんよ。それが先生の仕事ですから。

池田　わかりました。

池田は就学した子どものために、定時で退勤できるG社に就職できたことを喜んでいた。しかし、入社２年目を迎えたころから、会社の期待が大きいことに気づいた。そして、残業時間も世の中の動きに逆行して増えていった。

池田はこの土日に学会があり、京都へ行く。仕事を終えてからの移動ではあるが、最新の情報をえるためには、欠かせない学会である。また、池田は産業医になったことで、産業衛生の学会にも参加しているため、来週末は宮城へ行く。

渋川　室長、池田先生の仕事振りはどうですか。前任者は、私たちの期待に応えてくれなかったからな。

末永　そうですね。池田先生に関しては、いまのところよくやってくれています。先日も、ストレス別に生活習慣の改善につながるマニュアル作成を依頼しました。

渋川　ほぉー。

末永　高ストレス者の生活習慣を調査することで、防止策が見つかると思ったものですから。

渋川　室長、そのマニュアルができた暁には、社員の健康教育にも成果が出てくることでしょう。健康管理室の存在意義をアピールできる。

末永　はい、池田先生には、いずれにせよ、頑張ってもらわなければと思っています。

渋川　他にも考えていることがあるのかな？

末永　はい、日々、体調不良で健康管理室に来る社員のために、問診内容からえられた情報で診療科を特定できないかと考えています。

渋川　どういうこと？

末永　診療科が多い病院に行くと、どこの科を受診したらよいのかわからない患者さんのために、受付に診療科を案内する方がいますよね。

渋川　あぁ。症状だけでは、何科を受診したらよいかわからないときがあるからな。

末永　その案内人の役を機械にやってもらおうかと思って。

渋川　室長、それはまるでAIの開発じゃないか。そこまでやる必要があるのかな？　すでに、IT業界と医学界が着手しているんじゃないのかね。

末永　開発していると思います。私はただ、社員が自分の症状を入力することで、どの診療科に行ったらよいのか、その手立てとして、簡易システムの端末が健康管理室内にあったらと思ったもので……。

渋川　ちょっと待って。健康管理室のシステム開発費は、今年度の予算に計上していないよ。

末永　理解しております。私の考えとして、池田先生にお任せしようかと。

渋川　それは無理でしょ。誰でもシステム開発ができるとは限らないからね。

末永　おっしゃることはわかりますが、池田先生は学会にも頻
　　　繁に出て、大変、勉強熱心な方です。SE養成機関のセ
　　　ミナーで学んでいただき、システム開発にチャレンジし
　　　ていただきたいと思いますが。

渋川　いいアイデアかもしれない。外部に開発を依頼するより
　　　は、セミナー参加費の方が明らかにコストはかからない
　　　からね。教育費は、確保してあるから大丈夫！

末永　部長、ありがとうございます。

渋川　一度、池田先生に打診してみてくれるかな。

末永　はい、健康管理室として、いろいろと実績を残したいも
　　　のですから、部長のお力添えをいただけるとうれしいで
　　　す。ありがとうございます。

　　　末永室長は、自分の発案が実現されることを強く願って
　　いた。

池田　お先に失礼いたします。

末永　先生、先日のマニュアル作成の件ですが、よろしくお願
　　　いいたしますね。

池田　はい。

末永　いまから、打ち合わせをしたいんですが、時間はないで
　　　すか。

池田　申し訳ございません。新幹線の時間が迫っているもので。

末永　あっ、学会でしたね。先生は本当にタフだ。ちょっとお

願いしたいことがあるので、戻ってきたら早々にミーティングをしましょう。

池田　はい。行ってきます。

> 　池田は、疲れ切っていた。決してこなせない仕事内容ではなかったが、これまでやったことのない仕事が次から次へとやってくる。今後、末永室長は何を依頼してくるのかと思うと、どっと疲れが出てきた。

末永　先生、学会の疲れは出ていませんか。

池田　大丈夫ですが、少し……。

末永　早速ですが、先生にお願いというのは、社員が自分の体調で気になることがあった場合、症状を入力することで、どういう病院、つまり診療科に行ったらよいのかを知るための簡易システムを開発してほしいんです。

池田　えっ。

末永　できますよね。

池田　室長、そんな無謀なこと……。

末永　渋川部長とも話した結論です。先生には、引き受けていただかないと。

池田　そもそもシステム開発は、プロのSE・プログラマーでなければできないことです。私では無理です。

末永　その点も、すでに考えています。先生には外部機関のSE養成プログラムを受けてもらいます。スキルを身に

　　つけた後でいいんです。よろしいですか？

池田　私はいま、……オーバーワーク気味です。

末永　先生が弱音を吐くとは信じられないですね。先生は、と
　　ても勉強熱心な方です。できないことはないでしょ？

池田　室長、私が抱えている仕事量をご存じですか。

末永　わかった上で言っているんですけどね。まぁ、地道に一
　　つずつクリアしていってください。では、よろしく。

　　　池田は、なぜ、このような無謀な要求をするのかと困惑
　　した。前任者もこれで辞めたのかな？　と、ふと思った。

上岡　先生、大変ですね。まるで前任者と同じパターンだわ。

池田　……（やっぱり）。

上岡　室長の社長に向けたアピールに過ぎないんですよ。無理
　　なものは無理と言ったほうがいいと思いますけど。

　　　池田は、しばらく仕事が手につかなかった。とにかく目
　の前にある仕事から処理しなければと思い、一所懸命働い
　た。あっという間に１週間が過ぎ、池田は宮城の学会に参
　加した。休暇を取得せず、２週連続の学会に参加した池田
　は疲労困憊していた。
　　　池田は、今回の学会で大学時代の友人と会った。久しぶ
　りの再会に食事をしながら、いろんな話をしたのだ。当然、
　池田が置かれている状況についても話した。

友人は、「それって、パワハラじゃないの」と言ったが、池田自身は、自分がパワハラの対象になるとは思ってもみなかった。産業医としての仕事は、これまでまじめにやってきたという自負がある。しかし、システム開発をするように、との命令に愕然としたのは事実だ。

渋川　先生、2週連続で学会に参加したそうですが、業務に支障はないですよね？

池田　はい。

渋川　さすが、室長のお墨付きだ。ところで、大手企業TのSE養成講座に来週から通ってください。講座の参加費が意外と高額でビックリしたけど、投資と思えばいいから入金しておきました。しっかり学んできてください。

池田　部長、何も聞いていませんが。

渋川　とにかく会社の方針です。先生はわかっていますよね。この仕事が不成功に終わった場合の代償を。

　池田は凍りついた。講座に参加し、結果としてシステム開発ができなかった場合、どれだけの損失を会社に与えるのだろうと、考えただけで血の気が引いた。
　そして、友人が言っていた「パワハラ」の言葉が浮かんだ。本分からかけ離れた仕事は、期待なのか、嫌がらせなのか。池田の思考は停止してしまった。

〔 ストーリー4 解決策 〕
「過大な要求を受けたとき」
就業時間を超える量の業務、専門外の仕事を
強要されたときにどうするか？

　お互いの関係から考えたときに、逆らえない相手(職務上で優越的な地位の人)が、立場を利用して暴力や障害を与えた場合、パワハラになる(厚生労働省のホームページより)わけですが、今回の被害者は常勤産業医の池田さん(40歳)、行為者は末永室長(53歳)です。

パワハラが起こった背景とは？

仕事が早いからと業務量が増え、過重労働へ

「子育ては自分の手で」という信念があり、いったん医療現場から離れた池田医師が、定時で退勤できるグローバル企業のG社に産業医として、社会での再出発を果たしたのです。

　この職場の問題をパワハラの定義にてらし合わせ、リーダーシップの視点から見ていくと、どう解釈できるでしょうか。

①優越的な関係を背景とした言動

　池田医師は産業医という専門職ですが、組織に雇用されているので末永室長が上司であり、優越的な関係が生じています。

残業時間が過ぎていても、過重労働でも、上司にしたがって業務を遂行しているのは、この優越的な関係によるものです。

②業務上必要かつ相当な範囲を超えたもの

この問題は、「必要かつ相当な指示や支援を受けていない」場合に生じます。池田医師は、末永室長から仕事も早く能力も高いと評価されています。

また、自分でも「こなせない仕事ではない」という自信もあります。産業医としての業務については、池田医師は、能力も意欲も高いと言えます。

◇産業医として活躍中の池田医師（入社当時）

- ・「子育ては自分の手で」という信念がある。
- ・産業医の資格あり。
- ・事務的な作業が多いが、こなせない仕事とは思っていなかった。
- ・定時で退勤できるG社に就職できたことを喜んでいた。

しかし、生活習慣のデータ化やマニュアル作成などの就業時間を超えるほどの業務やまったく専門外の簡易システム開発まで業務として与えられてしまいました。

採用当初の業務範囲を超えて、業務が増やされていく中で、やったことがなく、やり方もわからない業務が増えていき、能力も自信もやる気も追いつかなくなってしまいました。

◇産業医として活躍中の池田医師（現在）

- 仕事に区切りがついたときには、終業時間を20分過ぎていた。
- 室長、終業時間を過ぎていますが、いまからどのような打ち合わせですか。
- いまの業務が加わるとしたら、過重労働になりますが。
- 時間が足りません。やはりスタッフの力が必要です。
- オーバーワーク気味です。
- なぜ、このような無謀な要求をするのかと困惑した。

このような状態の池田医師に対して、末永室長は、「先生ならできるでしょう」と無責任で勝手な解釈をしています。そして自分が社長に向けてアピールしたいために、無理難題を押しつけています。

◇上司である末永健康管理室長

- 先生は仕事が早い。
- 先生の記憶力だと大丈夫でしょ。
- 無理なんですか。先生？
- かなりタフだと思いますし、何より仕事が早い。先生なら問題ないでしょ？
- 考える時間はありませんよ。それが先生の仕事ですから。
- 池田先生には、いずれにせよ、頑張ってもらわなければ

と思っています。

・先生が弱音を吐くとは信じられないですね。先生はとて
　も勉強熱心な方です。できないことはないでしょ?

　池田医師が「オーバーワークで疲労しています」と訴えてい
るにもかかわらず、無責任な褒め言葉ばかりを並べる末永室長
は、上司として「必要かつ相当な指示や支援」を行なっていま
せん。

③労働者の就業環境を害すること(身体的もしくは精神的な苦痛を与えること)

　池田医師は過重労働で、出張も重なり疲弊しています。その
上、追い打ちをかけるように、やったことのない業務を与えら
れています。身体的にも精神的にも、キツく苦痛であり、気力
が萎えていっています。

　渋川部長の「前任者の医師は、結果を出せなくて解雇された
し……、うちはそういう会社なんだよね」という言葉や上岡看
護師の「室長の社長に向けたアピールにすぎない。無理なもの
は無理と言ったほうがいいと思います」という言葉から、池田
医師が採用される前から、この職場には過重労働を求める風土
があったようです。

　現在、苦痛を感じているのは池田医師だけのようですが、池
田医師にとっては、パワハラ問題が生じています。池田医師が
どのようにすれば、解決のための行動をとれるか、考えます。

パワハラから脱する方法とは？

「自分が行動することで解決する」が基本です。池田医師がとれるステップを考えてみましょう。

【方向性イメージ】を思い描く

　現状の問題から離れて、頭も心もゼロにして、「もっとも安心を感じている自分」、未来の自分の状態は、どのような状態かを思い描きます。

　池田医師が「安心を感じている自分」、未来の自分は、どのような状態かを思い描いてみます。池田医師は、開業医である父のもとに育ち、自らも医療現場でのキャリアをスタートさせ、英語で日常会話できるスキルも身につけていました。子育てのためにいったん家庭に入りましたが、子どもを自分の手で育てながら、産業医の業務もしっかりこなすこと、これが池田医師の当初の希望でした。当初の希望を方向性イメージとして設定します。

池田医師の「方向性イメージ」

私が子どもを自分の手で育てながら、

産業医の業務もしっかりこなしている状態

> **【支援】を探す**
>
> 　方向性イメージに向かう自分の能力と意欲を高めるための支援を周囲360度探します。現在、過去、未来の周囲360度を想像します。

　まず、組織の業務範囲についての知識をえることが役立ちそうです。池田医師は医療現場には精通していますが、組織の業務についてはよくわかっていないかもしれません。雇用される場合、就業時間や職務範囲はある程度、決まっており、雇用契約を結ぶことになります。

　自分がどの程度の時間、どの程度の職務を遂行することが期待されているのか、自分でもよく知っておく必要があります。上司に指示されるがまま、自分を疲弊させ、やる気を失い、本来の業務に支障をきたすようでは本末転倒です。

　末永室長に対して池田医師が契約した職務内容を共有し、池田医師が理解している内容はこうだ、という点を確認することも一つの方法でしょう。末永室長が「いやいや違う」というのであれば、業務についての契約を見直したり、誤解のないように、より具体的に記述することも考えられます。契約の見直しや明確化については、渋川部長の支援も必要かもしれません。

　上岡看護師や綿貫保健師の助けも、池田医師にとって大きな支援になります。行き当たりばったりで、忙しくなってから助けを頼むのではなく、事前にどういった内容の仕事を、いつお願

いしたいのかを伝えておけば、二人とも業務として取り組んでくれます。学会や同じような職種の仲間たちと情報共有することでも、問題解決のアイデアが浮かびます。

　また、気持ちを和らげてくれる支援としては、子どもは疲れて帰ったあとの癒やしの存在になりますし、家族や友人は、安らぎや気晴らしになります。

【資源】を選ぶ

　探し出した支援をえるために、自分のどの資源を使うかを選びます。

　末永室長は、自分の都合のいいように池田医師を使おうと思っています。そのような上司が相手ですと、良好な人間関係という資源だけでは不十分です。

　末永室長に池田医師の主張を聞いてもらおうと思うなら、相手が圧力に感じる資源を使う必要があります。池田医師には産業医としての専門性がありますが、何人もの医師を辞めさせてきた末永室長にとっては、医師としての専門性だけでは圧力を感じません。池田医師の主張を聞かざるをえないという圧力を感じさせる資源を探さなくてはなりません。

　そのための方法として、末永室長が持っている資源よりも大きな資源を持っている対象の力を借りることが考えられます。

　たとえば、末永室長よりも上位の役職の人の力を借りる、雇用契約書や就業規則などの末永室長も遵守しなければならない

ルールや権威の力を借りるなどして、業務の内容や範囲を見直してもらうことが考えられます。

　たとえ池田医師が医療の専門性という強力な資源を持っているとしても、そのために過重労働に陥ったり、専門外の業務まで押しつけられて途方にくれているのでは、せっかくの専門性という強力な資源を殺してしまいます。池田医師の重要な資源には、健康的に考える精神や時間や労力などもあります。どれも限られた貴重な資源です。

　池田医師の専門性が活かされるのは、健康的な精神や時間や労力という資源がしっかり確保されてこそです。業務時間や業務内容を適正なものに見直し、自分の専門性を最大限に発揮してG社に貢献すること。

　これが本来、池田医師に期待されていることです。そして、その成果で末永室長が指示した過剰な業務や専門外の業務よりも、G社に貢献すると示すこと。これも末永室長を圧倒する力になります。

【リーダーシップ】を試行錯誤する

　方向性イメージに向かって、探し出した支援に「働きかけ」ます。相手が「支援したくなるように」、自分の資源を感じさせて影響力をおよぼします。失敗することもあるし、一筋縄ではいかないことを前提に、あきらめず一歩一歩進みます。

「子どもを自分の手で育てながら、産業医の業務もしっかりこなしている状態」という、未来の自分に向かうためにはどうするのか。池田医師には、業務内容や業務時間をルール化させるための社内からの支援、チームワークで業務を進めるための他のメンバーたちからの支援、アイデア交換や情報共有のための学会仲間や知人からの支援、疲れや気持ちを癒やしてくれる家族や友人の支援などがあると考えました。

　これらの支援を受けるために池田医師が使える資源は、自分の正当性を主張するための契約や規則などのルール、メンバーに業務を依頼するための産業医としての地位、その職種に必要な専門性、話を聞いてもらうための人間性などがあります。

　最初の一歩は、業務の見直しですが、末永室長よりも地位が高い人といっても渋川総務部長は、「先生はわかっていますよね。この仕事が不成功に終わった場合の代償を」などと言っているので、当面は頼りになりません。

　その上となると、社長への直談判や公的な労働相談センターなども選択肢になります。方向性イメージへのリーダーシップは試行錯誤ですから、試してだめなら、次の方法へとチャレンジを繰り返すことになります。

　上岡看護師や綿貫保健師とのチームワークも重要です。しかし、業務範囲の見直しをしても、チームワークがあっても、まだ時間が足りない。業務の進め方そのものの見直しも行わなければならない。

　無駄があるかもしれないし、他のよりよい方法があるかもし

れません。行ったり来たり、変更してもやり直したり、ここで
も試行錯誤になります。

　リーダーシップの道筋は、いつもまっすぐとは限りません。
失敗して戻ることもあるし、停滞して進まないこともあります。
進めるのは自分ですから、常に周囲360度を見渡して、何か他
にも支援がないかアンテナを張り、必要な支援をすぐにえられ
るよう自分の資源も日ごろから培っておきたいと思います。

Chapter 5

秋元 （庁舎管理係長）

平田 （係員）

〔ストーリー 5〕

　M市役所の財務部管財課庁舎管理係に大学院卒の職員が異動してきた。新規採用2年目であるが、早くも異動となり、職場では「ちょっと早すぎる異動だけど、何かあったのかな？」「前部署で問題を起こしたのかな？」など、いろいろな噂が流れた。

　地方自治体では、新規採用者が入職2年目で2つ目の職場を経験することは、非常に珍しいことである。

今野 … 総合政策課長（入職27年、男50歳）

浜内 … 管財課長（入職27年、男50歳）

秋元 … 庁舎管理係長（入職20年、女43歳）

平田 … 係員（入職2年、男28歳）

里村 … 係員（入職2年、女24歳）

　大学院の修士課程で「エネルギー・環境政策」を学んだ平田は、採用後、総合政策部に配属された。まるで自分の希望が叶ったような人事に平田は満足していた。

　しかし、入職2年目で異動を命じられ、組織は一体どのような人事をしているのかと、組織や上司批判をして、平田は不満を募らせていた。そして、異動先の業務にまったく興味を示さず、また職場の同僚ともうまくつき合えずにいた。

　庁舎の最上階にある食堂で、浜内課長が食事をしていた。そこに同期の今野課長が近づいてきた。

今野　浜内、ここいいかな?

浜内　おぉ。一緒に食事するなんて久しぶりだな。

今野　食事中に申し訳ないんだが、ちょっと話したいことがあるんだけど。

浜内　何となく想像がつくよ。彼のことだろう?

今野　あぁ、そうなんだ。

浜内　今野、ここでは話せないから、今夜、一杯どうだ?

今野　わかった。じゃあ、今夜。

　入職当時から仲が良かった二人は、互いに切磋琢磨して、昇進も同時期だった。この日は行きつけの店を避け、少し落ち着いた個室で話すことにした。

今野　お昼の話だけど、平田くんの仕事振りはどう?

浜内　正直、使えないよ。

今野　そうだろう?　指示した仕事をまっとうにやったことがないんだよ。書類を作成させれば誤字脱字が多いし、計算ミスはするし、基礎学力を疑ってしまうくらいだよ。

浜内　でも、彼は院卒だろう?　不思議だよなぁ。

今野　初任者って、仕事の基本を学ぶ時期だから、いきなりむずかしい仕事を指示しているわけじゃないんだけど。と

にかく、仕事の段取りを細かく指示しても、言われた通りにできないというか。ただ、屁理屈だけは立派だけどね。

浜内 同じだ。うちの部署に同期の里村さんがいるんだけど、彼女の方が、仕事のセンスがあるというか、公務員の使命をよく理解しているし、よく働く。彼女は伸びると思う。でも、平田くんはね……。

今野 部下指導で初めて壁にぶつかったって感じだったよ。本音を言えば、異動が決まったとき、ホッとしたんだ。だけど、浜内の部署になったと聞いて、申し訳ない気持ちでいっぱいになった。

浜内 そんなぁ。

今野 会議資料の整理や電話応対だってままならない。挨拶もろくにできない。本当、仕事の基本を身につけないままの異動だろう。すまない。

浜内 まだ、1年だよ。これからだって、今野！

今野 そうだな。でも、彼の場合、入職後すぐ「市の政策形成の企画にかかわらせてください」「経営会議にも出ていいですか？」って言ったんだよ。そのときは、みんなビックリしたね。

浜内 ほぉ。

今野 将来的には、そのような仕事にかかわると思うけど、いまは入職したばかりだから、仕事の基本をしっかり覚えてほしいと言ったら、「私は、院卒ですよ」って言うんだ。だから何？　って言い返したかったけど、呆れて言い返

　　　すエネルギーがなかったな。

浜内　わかるよ。大変だったな、今野。うちでも「私は、院卒
　　　ですよ」って何度か言っているのを聞いたよ。課内のメ
　　　ンバーは、呆れて聞き流している感じだったな。

今野　結局、そうなるんだよな。

浜内　うちに異動してきたときなんか、初任者研修で電話応対
　　　とか習っているはずなんだけど、電話の外線にも内線に
　　　も出ないんだよ。それに、今野と一緒で会議資料の整理
　　　を指示したら、彼は「院卒の私がすべき仕事ではありま
　　　せん」って言ったからね。もう驚きだよ。

今野　そうだな。会議資料の整理は、重要な仕事だってわかっ
　　　ていないんだよな。

浜内　俺たちは、仕事を覚える早道だと思って、率先してやっ
　　　たよな。

今野　ただ、資料を整えてファイルすればいいって問題じゃな
　　　いんだけどね。資料を見れば、これまでの組織の歩みが
　　　わかるし、これから組織が目指す方向が見えてくるんだ
　　　けど、そこが理解できないんだろうな。

浜内　そうだな。今後どうしたらいいのか頭が痛いよ。それに、
　　　彼は留年しているから、ＯＪＴリーダーが年下なんだよ。
　　　だから、まるで年下の話は聞きません、っていう雰囲気
　　　を醸し出すんだ。

今野　わかる。本当、部下指導ってむずかしいよなぁ。

> たった一人の部下に振り回されている二人は、久々の飲み会が、愚痴のオンパレードになってしまった。

秋元　平田さん、公用車の「先月分のガソリン代」集計できた？
　　　それから、来月の「公用車の使用予定表」を持ってきて。

平田　まだ、まとめていませんが。急ぐんですかぁ？

秋元　えっ、まだやっていないの？　今日までって指示しましたよね。時間的な余裕はあったはずでしょ。

平田　はい。余裕はありましたが、気が乗らなくて。

秋元　……。

里村　係長、もし、よろしければ私がやりますが、いかがいたしましょうか。

秋元　あっ。里村さん、申し訳ないけどお願いできる？

里村　はい。お任せください。今日中にまとめられますので。

秋元　里村さん、頼もしいわ。ありがとう。

平田　係長、もっと難易度の高い仕事をいただけませんか。

秋元　まだ、そういう仕事は任せられないわ。そもそも平田さんが考える難易度の高い仕事って何なの？

平田　私は学校で学んだことを活かしたいと思いますから、政策に関する仕事をしたいんです。

秋元　そう。平田さんは、最初の配属先が総合政策課だったのよね。そこでの仕事振りは、どうだったの？

平田　……。

秋元　平田さん、みんながやりたい仕事に就けるとは限らない
　　　のよ。まず、組織人として、仕事の基本をしっかり身に
　　　つけてほしいわね。

平田　……。

秋元　ここの係に配属されてから、いろんな業務をやってもら
　　　ったけど、いつも「自分の仕事じゃない」みたいな発言
　　　をしているわよね。

平田　……。

秋元　平田さんもわかると思うけど、公務員の場合、技能職以
　　　外の人は、結構異動があるのよ。だから、業務を一通り
　　　経験して、自治体の仕事を理解してね。早く一人前にな
　　　ってね。

平田　……。

　　　秋元係長は、言葉を選びながら、優しく問いかけている
　　のだが、終始、平田は無反応だった。これ以上、対話を続
　　けることができないと悟った秋元係長は、対話を打ち切っ
　　た。
　　　翌日、秋元係長は係員が出払っているのを見計らって、
　　浜内課長のもとへ行った。

秋元　課長、ご相談がありまして、10分ほどでいいんですが、
　　　いま、お時間をいただけますか。

浜内　いいよ。ここで話せる？　場所を変えようか？

秋元　ここで結構です。実は、平田さんのことですが、どのような仕事を任せてよいのか困っています。先日、ＯＪＴリーダーから相談があって……、というか私自身も悩んでおります。

浜内　そうか。私も係長と話をしたいと思っていたんだよ。なかなか時間がとれず、申し訳なかった。

秋元　いえ。

浜内　係の仕事は、いろいろと経験させているんだろう？

秋元　はい。ＯＪＴリーダーには、ずいぶん苦労をかけていると思いますが。

浜内　そして、全部できない！

秋元　その通りです。係の仕事そのものに興味を示していないんでしょうね。期限つきの仕事でも、なかなかやろうとしないんです。業務命令なのに……。

浜内　係長、大変な思いをしてきたね。ＯＪＴリーダーも。

秋元　里村さんが、いつも手を差し伸べてくれます。彼女は、職員二人分くらいの仕事をこなしていると思います。時々、過重労働になっていないかと尋ねると、「このくらいの仕事をこなせなくて、どうしますか？　大したことないです」と言ってくれるんです。ありがたいと思っています。

浜内　里村さんは、よく頑張っていると私も思うよ。心身共に参ってしまわないよう、よく見てあげてね。

秋元　はい。

浜内　問題は、平田くんだよな。

秋元　えぇ。先日、庁舎内の電気系統や電話回線などで不具合
　　　がないか、各部署を回って情報収集してくるよう指示し
　　　たんです。すると、「そのような難易度の低い仕事を私
　　　に依頼しないでください」と言うんです。もう、呆れて
　　　しまいました。

浜内　係長の気持ちは、よくわかる。困ったもんだ。

秋元　いままで、このような部下がいなかったので、どのよう
　　　に対処していいのか……、もうわからなくて……。

浜内　これはもう『地方公務員法第32条(法令等及び上司の命令に
　　　従う義務)』に抵触する話だよね。懲罰委員会に相談して
　　　みようか。

秋元　いえ、そこまでは……。

浜内　上から、「部下指導をちゃんとしているのか」とお小言
　　　があるかな？　もう少し、時間をくれる？　上に相談し
　　　てみるから。

秋元　はい、わかりました。あまり大事にしたくないので、課
　　　長、よろしくお願いいたします。

浜内　わかった。

　秋元係長は、少し胸のつかえが下りた感じがした。そし
て、浜内課長に相談して良かったと思った。ところが、あ
る日、また、秋元係長の頭を悩ませるできごとがあった。

里村　係長、Ｔ中学校から体育館の修繕をしたいという相談の
　　　電話が入ったのですが、どうしたらいいですか。

秋元　そう。まず、現場の状況を確認したいので、職員を向か
　　　わせます、と伝えて。それから訪問日時を決めたいので、
　　　先方の都合の良い日時も確認してね。

里村　はい、かしこまりました。

秋元　平田さん、主任と一緒にＴ中学校の調査に行って来て。
　　　訪問の日時は、里村さんが確認しますので、お願いします。

平田　えぇ！　僕が行くんですか。里村さんにお願いしていた
　　　だけますか。

秋元　平田さん、あなたにお願いしているんです。これは、業
　　　務命令ですよ。

平田　だって、里村さんが訪問日時の調整をしているんですよ
　　　ね。僕の都合も聞かず。

秋元　平田さん、この件に関しては、先方のご都合が優先です。

平田　ひと言、僕の都合を聞いてくれてもいいと思いますけど。

秋元　特段、外せない仕事が入っているわけじゃないでしょ。
　　　日時が決まったら、お願いね。

平田　有給休暇でも取ろうかな。

　　　秋元係長は、平田と問答する気がなかったので、早々に
　　話を打ち切った。その直後、平田が里村のもとへ行った。

平田　里村さん、主任と一緒にＴ中学校の調査に行ってくれ

る？

里村　それって平田さんが、係長から指示された業務でしょ。

平田　僕は有給休暇を取るから、ダメなんだ。

里村　まだ、訪問日時が決まっていないのよ。

平田　いいんだよ。心配はご無用！　訪問日時が決まったら、その日を休みにするから。

里村　それって何なの？　そもそもあなたが私に命令するとは、越権行為じゃないの？

平田　……。

秋元　二人ともストップ！　平田さん、主任と一緒に調査して来てね。これは、あなたが言っている難易度の高い仕事に通じることですよ。

平田　どうでしょうか。体育館をただ見に行くだけでしょ。

秋元　それは違うわ。平田さんは、安心・安全な街づくりをしたいんじゃなかった？

平田　……。

秋元　生徒たちが安心して、教育を受けられるような環境をつくるのは、私たちの重要な仕事ですよ。だからっ！

平田　はい、はい、わかりましたよ。

里村　係長に向かって、その言い方はないと思うけど。

平田　……。

秋元　里村さん、もういいです。それぞれの仕事に戻って。

今日はＴ中学校への訪問日。秋元係長の思いは届かず、

平田は欠勤した。秋元係長は、午後の課内会議の準備があり、主任に同行できなかったが、代わりに主事を向かわせることにした。

　秋元係長は会議が終わった後、再び浜内課長に相談することにしたのだ。堪忍袋の緒が切れた秋元係長は、平田に関する今後の対応を真剣に考えてもらおうと思った。

浜内　話はわかった。ところで、平田くんは、普段どうしているの？　大した仕事をしているとは思えないんだが。

秋元　じーっと、パソコンの前にいます。

浜内　で、何やっているの？

秋元　本人に聞いたところ、「市政について勉強しているんです」と答えるばかりで……。

浜内　へぇー。

秋元　平田さんは、悪知恵だけはあるようで、始末が悪いんです。

浜内　そういう過激な発言は、係長らしくないね。

秋元　それだけ頭にきているということです。課長、お許しを。

浜内　いいんだよ。係長の気持ちはわかるから。

秋元　先日のことですが、庁舎内の非常ベルの点検を指示したところ、「そんな仕事は、能力の高い私がやるべきことではありません」と言うんです。

浜内　ほ、ほぉ〜。それは、大した言いぐさだね。

秋元　問題は、その後なんです。平田さんが、「係長、パワハラってわかりますよね？　能力より低い仕事を与えるこ

とは、パワハラに該当するんですよ」って言うんです。私、
訴えられるんでしょうか……。

浜内　へぇ、平田くんは一応勉強しているんだね。ただ、ご都
合主義の解釈だ。平田くんは、勘違いしているから、訴
えられることはないと思うよ。係長、そんなに心配しな
いでいいから。

秋元　しかし……。

浜内　先月、管理職向けの『ハラスメント防止研修』があった
のは知っているよね。そのとき、パワハラの6つの類型
というのを学んだよね。たぶん、その一つが『過小な要
求』なので、たぶんそれで平田くんは係長にパワハラと
言ったんだと思うよ。

秋元　でも、心配です。

浜内　もう少し、話を聞いてくれるかな。そもそもハラスメン
トは言うまでもないけど、「嫌がらせ」のことだよね。
たとえば、の話だよ。世間で人員削減や整理のために、
自主退職を強要する行為の一つとして行なってしまう組
織があるわけ。それも組織ぐるみで意図的にね。
だとすれば、私たちは誰一人として、彼に対して嫌がら
せをしようとは思っていないわけだよ。わかるだろう？

秋元　はい。

浜内　むしろ彼の能力に合わせて、業務命令をしていると思う
んだよね。教育をしても仕事の基本スキルが身につかな
い。コミュニケーションすらまっとうにとれない。理想

論ばかりを語る人に責任のある仕事を任せられると思う
か？

秋元　理解できますが、……もし、ということもあります。

浜内　仮に訴えられたとしても、懲罰委員会が調査した結果、
不問というかたちになると思う。

秋元　なるでしょうか？

浜内　職場でハラスメント行為があったか、第三者に調査すれ
ばすぐわかることじゃないか。大丈夫！

秋元　平田さんは、何をするかわからないという感じで、怖い
んです。心配で……。

浜内　係長、大丈夫！

　浜内課長の言ったことを理解できる秋元係長だったが、
最近「それパワハラですよ」と、言われる回数が増えてき
たように感じた。

平田　係長、パワハラが続くようでしたら、人事院の公平審査
局に相談しようかな。

秋元　地方公務員は、そこに相談できないのよ。

平田　あっそう。じゃあー、マスコミだな。

　平田の発言は、過激になっていった。秋元係長が面談を
しても、本音を語らない平田は、間もなく『課長預かり』
となった。

〔 ストーリー5 解決策 〕
「過小な要求を受けたとき」
業務上の合理性とは何か、
能力に見合う仕事とは何か？

　業務上の合理性なく、能力や経験とかけ離れた程度の低い仕事を命じることや、仕事を与えないことは、「過小な要求」型のパワハラ(厚生労働省のホームページより)と言えるわけですが、果たして平田さんはそれに当てはまるのでしょうか。

　5つめのストーリーは、市役所入職2年目で異動した先の職場に不満を持ち、上司の指示にしたがわない平田係員の事例です。平田係員は、現在の職場に対して不満だらけですが、嫌なことは有給休暇をとり、同僚に肩代わりをさせて回避しているので、つらい思いはしていません。

パワハラが起こった背景とは？

「能力に見合う仕事をしたい」という新人と上司の行き違い

　ここでつらい思いしている人は、平田係員ではなく、上司の秋元係長です。秋元係長は、上司の指示にしたがわない平田係員に苦労しており、さらにパワハラでマスコミに訴えられるのではないかとビクビクしています。

この職場で起こっている問題をパワーハラスメントの定義に
てらして、リーダーシップの視点から考えてみましょう。

①優越的な関係を背景とした言動

　上司である浜内課長や秋元係長も、平田係員に対して優越的
な関係にあります。優越的な関係を背景にしているので、平田
係員は満足していない庁舎管理係に所属しており、やりがいを
感じている総合政策の業務を行えずにいます。

　愚痴を言っている浜内課長、そして「私、訴えられるんでし
ょうか」とビクビクしている秋元係長は頼りないわけですが、
組織ですから地位による優越的な関係は歴然とあります。

②業務上必要かつ相当な範囲を超えたもの

　この問題は、「必要かつ相当な指示や支援を受けていない」
場合に生じます。総合政策部に満足していた平田係員は、庁舎
管理係の業務に不満があります。異動してきたばかりでやった
ことがない庁舎管理係の日常業務に対して、平田係員はもちろ
ん能力はありません。

　また、総合政策に関する業務しかやりたくないので、やる気
もありません。秋元係長には、平田係員が日常業務を進められ
るように、必要かつ相当な指示や支援を行う責任があります。

◇入職 2 年目の平田係員の言動

・入職 2 年目で異動を命じられ、不満を募らせていた。
・職場の同僚ともうまくつき合えずにいた。

・余裕はありましたが、気が乗らなくて。

・もっと難易度の高い仕事をいただけませんか。

・政策に関する仕事をしたいんです。

　秋元係長は、平田係員に対して言葉を選びながら優しく問い
かけ、指示にしたがわなくても呆れるだけで、指導育成にかか
わる行動はとっていません。秋元係長は、ああ言えばこう言う
平田係員に影響力をおよぼすことができず、「私、訴えられる
んでしょうか」とおっかなびっくりです。

◇平田係員の上司である秋元係長の言動

・みんながやりたい仕事に就けるとは限らないのよ。まず、
　組織人として、仕事の基本をしっかり身につけてほしい
　わね。

・業務を一通り経験して、自治体の仕事を理解してね。

・そのような難易度の低い仕事を私に依頼しないでくださ
　い」と言うんです。もう呆れてしまいました。

・いままで、このような部下がいなかったので、どのよう
　に対処していいのか、もうわからなくて……。

・これは、業務命令ですよ。

・生徒たちが安心して、教育を受けられるような環境をつ
　くるのは、私たちの重要な仕事ですよ。だからっ！

・本人に聞いたところ、「市政について勉強しているんで
　す」と答えるばかりで……。

・「能力より低い仕事を与えることは、パワハラに該当するんですよ」って言うんです。私、訴えられるんでしょうか？

・平田さんは、何をするかわからないという感じで、怖いです。心配で……。

　平田係員は、上司の指示にしたがわず、やりたくない仕事をしていません。それに対して、上司たちは愚痴ばかりで指導も規制もしていません。平田係員から見れば、上司たちには指導力や規制力といった影響力がないように感じられます。

　平田係員に何も働きかけないことで、上司たちには資源がないかのように感じられ、影響力を失っています。

◇入職27年の同期である浜内課長、今野課長の言動

・指示した仕事をまっとうしたことがないんだよ。

・仕事の段取りを細かく指示しても、言われた通りにできない。

・屁理屈だけは立派だけどね。会議資料の整理や電話応対だってままならない。挨拶もろくにできない。仕事の基本を身につけていないままの異動だろう。

・電話の外線にも内線にも出ないんだよ。

・「院卒の私がすべき仕事ではありません」って言ったからね。もう驚きだよ。

・OJTリーダーが年下なんだよ。だから、まるで年下の話

は聞きませんっていう雰囲気を醸し出すんだ。

浜内課長や秋元係長は、「能力に合わせた業務命令」や「訴えられる」などの言葉から、労務の法律や社内規則などの制度やルールに反しないように部下を扱おうとしていることがわかります。

もちろん、法律や規則や制度などのルールは、社会や組織の秩序を守るために上司も部下も全員が守るべきです。しかし、平田係員は、このルールの優越性を利用しているわけです。

◇入職2年目の平田係員の言動

・僕の都合も聞いてくれてもいいと思いますけど。

・有給休暇でもとろうかな。

・秋元係長の思いは届かず、平田は欠勤した。

・パワハラが続くようでしたら、人事院の公平審査局に相
　談しようかな。

・あっそう。じゃあー、マスコミだな。

有給休暇という制度や人事院公平審査局という審査制度などを利用することで、自分の権利を主張し、自分の行動を正当化しています。秋元係長が平田係員の有給休暇取得を止められなかったという事実から、平田係員の影響力は成功しました。

また、マスコミという資源も使おうとしています。マスコミに訴えることで、秋元係長だけではなく市役所や浜内課長たち

まで社会的制裁を受ける可能性が出てきてしまいます。社会的制裁は、職場や上司たちにとって罰になりますから、平田係員には罰を与える影響力まで備わっていることになります。

　この問題は秋元係長が平田係員に対して、上司としての影響力を発揮しておらず、また「必要かつ相当な指示や支援」を与えていないことから生じています。

　浜内課長についても、課長預かりになったところで、秋元係長同様、上司としての影響力に基づく「必要かつ相当な指示や支援」を与える準備はないようです。

◇平田係員の上司である浜内課長の言動

・私たちは誰一人として、彼に対して嫌がらせをしようとは思っていないわけだよ。

・むしろ彼の能力に合わせて、業務命令をしていると思うんだよね。教育をしても仕事の基本スキルが身につかない、コミュニケーションすら、まっとうにとれない。理想論ばかりを語る人に責任ある仕事を任せられると思うか？

---

③労働者の就業環境を害すること（身体的もしくは精神的な苦痛を与えること）

　平田係員は、「院卒の私がすべき仕事ではありません」と言って担当業務を行わず、好きな市政の勉強ばかりして「電話の外線にも内線にも出ない」とあります。年下のOJTリーダーの

話を聞かず、同期の里村さんにも多大な負担がかかっています。

　浜内課長や秋元係長も平田係員に対して「必要かつ相当な指示や支援」を与えていません。これでは、職員たちの業務負担のバランスが崩れていき、不公平感を感じる職員たちの士気も下がります。

　では、秋元係長がどのようにすれば解決のための行動をとれるか、考えていきます。

パワハラから脱する方法とは？

「自分が行動することで解決する」が基本です。秋元係長がとれるステップを考えてみます。

> 【方向性イメージ】を思い描く
> 　現状の問題から離れて、頭も心もゼロにして、「もっとも安心を感じている自分」、未来の自分の状態は、どのような状態かを思い描きます。

　平田係員が課長預かりとなり、部下の指導育成ができない秋元係長は業務の責任を果たせていません。「私、訴えられるんでしょうか」という不安からは解放されましたが、「部下の指導育成ができなかった」という事実は残っています。これからも職場や、そのキャリアや長い人生の中で続くので、やはりで

きなかったままでは業績にも響きますし、気持ちもすっきりしません。そこで、この時点での「秋元係長の方向性」イメージを考えます。

　秋元係長がもっとも安心する状態は、平田係員が自発的に庁舎管理係の担当業務を行なっている状態です。大変、むずかしい課題ですが、このままでは秋元係長も「仕事ができない」という烙印をおされたままです。周囲360度支援を探し、可能な支援すべての助けを借りてチャレンジです。

秋元係長の「方向性イメージ」

私が平田係員を自発的に庁舎管理係の
日常業務を行えるように指導育成している状態

【支援】を探す

　方向性イメージに向かう自分の能力と意欲を高めるための支援を周囲360度探します。現在、過去、未来の周囲360度を想像します。

　現時点で、浜内課長の補佐として秋元係長ができることは、平田係員をしっかり指導育成し直すことです。平田係員は大学院卒や専門性が高いことを自負しているので、平田係員にとって価値があると思っている対象の支援を借りることが考えられます。

　たとえば、平田係員が満足していた総合政策部の今野課長に「総合政策部と財務部管財課の仕事は密接に関連している、財務部管財課の仕事をしっかり覚えることは、総合政策部でも役立つ……」と伝えてもらう、浜内課長に「庁舎管理課の仕事ができるようになることが、今後の異動にかかわる」と伝えてもらうなど、まずは庁舎管理係の業務のスタート地点に立ってもらうようにします。

　部下のやる気を引き出すのは、上司の仕事の一つですから、「庁舎管理係の業務が平田係員にとって役立つもの」であると平田係員に理解してもらわなければなりません。そのためには、伝える秋元係長も相手が納得するだけの説得力を養う必要があります。事実やデータを積み重ねれば説得力は自然と出てきます。たとえば、

　　・財務部管財課庁舎管理係の業務が、どのようなものか。
　　・総合政策部と財務部管財課の仕事の関係。
　　・庁舎管理係業務に精通することでえられるキャリアの選択
　　　肢。

　平田係員にとって魅力的に感じるものを軸に、事実やデータに基づいて説明をします。もちろん、秋元係長も情報収集や学習をしなければ、このような説明はできないので、そういった情報や学習を提供してくれる支援を探します。

　新しい情報や学習の機会をえるためには、秋元係長も上司や同僚や部下だけではなく、外部の支援、たとえば、知人や友人、母校、図書館、インターネットなど周囲360度のあらゆる支援

から活用できるものを探します。

現在の庁舎管理係の業務が自分にとって役立つものだと理解すれば、平田係員も業務を覚えようという意欲が出てきます。そうなれば、ようやく秋元係長は、「必要かつ相当な指示や支援」を行えるようになります。

【資源】を選ぶ
　探し出した支援をえるために、自分の資源をどう使うのかを選びます。

秋元係長が、浜内課長や今野課長やさらに上位の上司たちから支援をえるためには、部下としての仕事振りの積み重ねや信頼できる人間性などの資源が必要です。

浜内課長や今野課長に頼り切ってしまうのではなく、秋元係長も「なぜ、この支援を求めているのか」を説明し、やり遂げる覚悟を示します。

そうすれば、上司たちも「あなたがそこまでしっかり考えているなら支援しよう」という気持ちになり、いっそう支援的になります。

また、秋元係長がこれまで使ってこなかった上司の地位という資源を使う必要があります。秋元係長の指示を無視し続けるならば、上司という資源を使うことで、強制措置をとる、罰を与える、など懲戒処分があることを平田係員に伝えることができます。

> **【リーダーシップ】を試行錯誤する**
>
> 　方向性イメージに向かって、探し出した支援に「働きか
> け」ます。相手が「支援したくなるように」、自分の資源
> を感じさせて影響力をおよぼします。
>
> 　失敗することもありますし、一筋縄ではいかないことを
> 前提に、あきらめず一歩一歩進みます。

　秋元係長の場合は、平田係員がすでに課長預かりとなってし
まったので、「部下指導できなかった」というマイナスの局面
からのスタートです。意欲の側面から見ると、マイナスの局面
からのスタートはゼロからのスタートよりもむずかしいことが
多いものです。

　ゼロからのスタートなら相手の気持ちや意欲は平坦(ゼロ)で
すが、マイナスの局面からのスタートは、相手の気持ちや意欲
は、どうせダメだ、などすでにマイナスになっており、抵抗感
があります。ゼロからプラスに持っていくよりもマイナスから
プラスに持っていく方が、工夫も努力も必要になります。

　リーダーシップは試行錯誤であり、うまくいかないことも
多々あるので、前進するためには、あきらめずに工夫をこらし
て再トライします。

　リーダーシップをとっている側(今回の場合は秋元係長)があき
らめてしまうと、平田係員はそのまま野放しで好き勝手やり続
けるか、あるいは懲戒処分されてしまうか、いずれにしても望

ましい結果ではありません。限りある人材ですから、有効活用することを考えます。

　平田係員を生かすも殺すも、上司次第です。秋元係長が持っている資源を効果的に影響力として発揮して、秋元係長の方向性イメージに向かうように工夫したいと思います。残念ながら、愚痴に終始してしまう浜内課長が直属の上司です。

　頼ってもこれまでの経験から、平田係員が「自発的に庁舎管理係の日常業務を行なっている状態」になるとは思えません。浜内課長に頼れないなら、他の支援や資源を探すことです。

　既存の支援や資源だけでは解決しないと思えたら、新しい支援や資源を探すことを考えます。このようなことは、あまり気づいていないものです。「見えていない支援や資源に気づくこと」、これには想像力を必要とします。秋元係長が「見えていない支援や資源」を探す際、重要なことは、「平田係員が何に魅力を感じているか」という視点で探すことです。

　平田係員が院卒であること、総合政策や市政に関心があること、総合政策部に配属されていたときはやる気満々で満足していたこと、こういった事実から「平田係員が何に魅力を感じているか」は想像できます。

　秋元係長が掲げた方向性イメージにとって役立つ資源は、平田係員の心を動かす資源であり、将来も含めて総合政策、市政、院卒などを活かせる場、これらに関係する何かとなります。

　もし、秋元係長自身がこれらの資源を直接持っていないのであれば、新しく外部から支援を探すことになります。

Chapter 6

〔ストーリー6〕 個の侵害

K市にある老舗温泉旅館A

早川 〔客室担当主任〕

ホア 〔客室担当〕

〔ストーリー6〕

　2年前、ベトナムから技能実習生として来日したホアは、K市にある老舗温泉旅館Aで働いている。従業員の8割が女性で、職場は賑やかだった。ホアは、来日前から日本語を学んでいたため、片言ではあるが日常会話では不自由しなかった。

　業種として「特定技能1号」にあたり、在留期間は5年である。採用3年目に入ったホアの語学力は、かなり上達していた。

藤沢 … 支配人（入社25年、男48歳）

安田 … 総務課長（入社39年、男58歳）

三浦 … 客室担当係長（入社23年、女46歳）

早川 … 客室担当主任（入社40年、女59歳）

ホア … 客室担当（採用3年目、女26歳）

　日本文化に触れたいと、外国人観光客が急増した。宿泊産業の多くは、この恩恵にあずかった。A旅館でも、純利益で前年対比20％アップした。結果、人手不足に陥り、「外国人技能実習制度」を活用することにしたのだ。その第1期生が、ホアだった。

　旅館の仕事は、早朝から深夜まで基本的にシフト制ではあるが、急にヘルプ要員として駆り出されることがあり、意外と労働時間が長い職場といってよい。しかし、昔に比

べると休憩時間もきちんと与えられ、職場環境はかなり改
善されている。

　A旅館の従業員は人柄が良く、笑顔で人懐っこいホアを
みんながかわいがった。ホアもアットホームな職場は、居
心地が良かった。

　A旅館では、朝食と夕食を客室に用意するため、客室担
当者の朝は早い。ホアは敷地内にある従業員用の寮で暮ら
しているため、出勤は楽だった。

藤沢　ホアさん、おはよう。今日も朝から元気がいいですね。
　　　一所懸命働いてくれて、ありがとう。今日も、忙しい日
　　　になりそうだけど、よろしく。

ホア　支配人、おはようございます。今日も頑張ります。

安田　やぁー、ホアさん、おはよう。昨日はお休みだったけど、
　　　遊びに行ったの？

ホア　いえ、部屋でゆっくりしていました。

安田　そう。ホアさんも来日3年目となると余裕が出てきたで
　　　しょ。たまに観光でもしてみたら？

ホア　そうですね。

安田　若いんだから、どんどん遊ばなきゃ！

ホア　課長、勉強で日本に来たので、遊ぶ気分ではないんです。

安田　ダメ、ダメ。働くのと勉強ばかりじゃ、息が詰まるぞ。

ホア　はい。

三浦　ホアさん、おはよう。課長、ホアさんは朝の支度で忙し

いんですよ。おしゃべりは、ほどほどにお願いします。

安田　はい、はい。

三浦　ホアさん、出勤したらすぐ着替えて持ち場に行ってね。
　　　課長は、おしゃべりがはじまると終わらないんだから、
　　　つき合う必要ないのよ。わかった？

ホア　はい。

　　ホアは、安田課長の問いかけに応えていただけで、おしゃべりをしているという感覚はなかった。A旅館では全室、「寝室」と「食事兼居間」が別になっているため、朝食の給仕がスムーズである。

　　ホアは、客室の外から「おはようございます。朝食のご準備が整いました」と言いながら、一部屋ずつ朝食を給仕して回った。板場から客室まで、いったい何往復するのか。今日も朝から館内を忙しく歩き回っていた。

　　朝食の時間は、チェックイン時にお客様が決めるため、夜の10時には給仕の順番が決まる。ホアは、三浦係長から渡されたメモを確認しながら、順番を間違えないようにした。

　　板場から客室までの動線は、給仕人で混み合い、カタカタと食器の音がしていた。

早川　ホアさん、そんなに急いだら、盛りつけたお料理が崩れ
　　　るでしょ。もっと丁寧に運んで！

ホア　はい。すみません。

三浦　ホアさん、「楓の間」のお食事が、まだのようだけど急いで！

ホア　はい。係長、すみません。

早川　ホアさん、次は、「桜の間」だから一緒に来て！

ホア　はい。

三浦　ホアさん、笑顔を忘れないで。気忙しいと余裕のない表情になるから、お客様の前では必ず笑顔ね。わかった？

ホア　気忙しい？

三浦　あぁ〜、……とにかく笑顔でお願いね、ということ。

　来日直後は、日本語の勉強や宿泊業界の基本知識、各セクションの仕事内容を学んだが、ホアは日本食のマナーを覚えるのがむずかしいと感じた。

　２年目からは現場実習となり、実際に着物を着たり、日本食の食べ方や生け花を学んだりと、２年間があっという間に過ぎたように感じた。ホアは優等生と言っていいほど、まじめにさまざまな知識を学び、スキルアップしていった。

　そして、３年目になると客室担当者として、一連の業務を一人でやらなければいけなかった。リネン類の取り扱い、客室の清掃、給仕など、休んでいる暇がない忙しさで、母国を思う気持ちの余裕すらなかった。

　最後の客室に朝食をお出ししてから、間もなくのことだった。

早川　ホアさん、「欅の間」のお食事が終わっているころだから、すぐ食器を下げて来て。

ホア　はい、わかりました。

　ホアは、改めて旅館とホテルの違いを感じていた。しかし、日本の「おもてなし」の精神に触れるたびに、忙しいけれど旅館で働くことができて良かったと思っていた。

　ホアのお腹はペコペコだった。ようやく食事にありつけたのは、お昼に近かった。休憩室でまかない料理を食べながら、憩いのひとときを過ごしていた。交替で食事をするため、この日は客室担当者5名が集まっていた。

　いつも会話の主導権を握り、中心にいるのが早川主任だった。一般社会で言えば、定年が近づいている年齢だ。しかし、A旅館では藤沢支配人の母親である女将が、日ごろから「働けるうちは、ここで働いてください」と言っているため、従業員の組織に対する帰属意識は高かった。その中でも、早川主任は先代の女将にも仕える存在だった。

早川　ホアちゃん、ここにおいで。朝から頑張ったね。疲れた？

ホア　いえ。昨日、お休みだったので大丈夫です。

早川　そうかぁ。若いっていいよね。体力の回復が早くて。羨ましい。

ホア　「う・ら・や・ま・し・い」って、どういう意味ですか？

早川　うぅ～。まぁ、いいじゃないの。ところで、ホアちゃん

　はホーチミンの出身だって？　大都市なんだよね。ご両

　親は何してるの？

ホア　雑貨店をやっています。

早川　へぇ。儲かってるの？

ホア　さぁ、わかりません。

早川　兄弟姉妹は何人いるの？

ホア　兄が2人で、妹が1人です。

早川　何してるの？

> 　ホアが、一方的な質問攻めにあっていたとき、休憩室に
> 三浦係長が入って来た。

三浦　早川主任、そろそろ休憩時間が終わるんじゃない？

早川　そうですね。失礼しまぁ～す。

三浦　ホアさん、今日はお給仕のとき、いろいろあったわね。
　お疲れさまでした。

ホア　はい。とっても忙しかったです。ミスもしたし……。

三浦　ところで、少し話があるの。実は今日、お客様から「お
　料理の盛りつけが崩れてしまって、見た目が良くないの
　で、注意してください」とクレームが3件あったのよ。

ホア　はい。

三浦　今朝も注意したから、ホアさんはわかると思うけど、日
　本料理の場合、見た目の美しさも料理の味を一層引き立
　てるとされていて、重要なの。だから、明日から崩さな

　　　　いように注意して、お料理を運んでね。頼むわよ。

ホア　はい、気をつけます。

三浦　ところで、さっきは何の話をしていたの？

ホア　あぁ～、いろいろと家族のことを聞かれました。

三浦　そうだったの。ホアさんは、技能実習期間が終わったら、
　　　お国に戻る予定なの？

ホア　まだ決まっていません。あと３年ありますので、ゆっく
　　　り考えます。

三浦　それがいいわね。

　　ベトナム人は、家族や親戚に対して愛情深く、また大人
数で食事をしても苦にならない人が多い。ホアもそのよう
な環境で育ったため、A旅館での生活は、まるで故郷にい
るような気分になった。異国での生活にも自然と溶け込み、
ホームシックにかかることはなかった。

　　しかし、来日当初と違って、最近では注意されたり、叱
られたりすることが多くなり、寮で泣いて過ごすこともあ
る。

藤沢　ホアさん、今日は遅番だったね。今夜は宴会が２件入っ
　　　ているから忙しいよ。頑張って。

ホア　はい。頑張ります。

藤沢　いつもより元気がないけど、どうしましたか？

ホア　大丈夫です。元気ですから……大丈夫です。

> 藤沢支配人は、ホアの様子が気になった。はじけるような笑顔が見られなかったからだ。「疲れているのかな？」「社員同士で何かあったのかな？」と、思いを巡らせた。

三浦　みんな集まって！　今夜は、宴会が2件入っています。客室担当者も宴会係のヘルプをしてください。現場では、早川主任の指示にしたがってください。

ホア　宿泊客のお食事の準備はどうするんですか。

三浦　もちろん、いつも通りよ。そうかぁ、ホアさんはまだ宴会のお手伝いをしたことがなかったわね。お料理を客室に運ぶのと同じだから、あまり気にしないで大丈夫。

ホア　客室と宴会場と、お料理を出すタイミングがわかりませんので、教えていただけますか。

三浦　それも早川主任の指示にしたがって。さぁ、みんな持ち場に行って！　時間がないわよ。

早川　ホアさん、「松の間」のお客様が遅くチェックインするそうよ。それから食事をするって言っているから、あなたは宴会を抜け出して、対応してくれる？

ホア　はい、わかりました。タイミングは？

早川　それは、後で指示するから！

> 宴会の準備がはじまった。ホアはパントリーで徳利に日本酒を入れる仕事をしていた。さすがに、100本は時間が

かかった。

　その後、ビールの運び用大瓶6本入りホルダーを両手に持ち、何度もパントリーと宴会場を往復した。

早川　ホアさん、次はお料理！　もうセッティングも終わるころだと思うけど、運ぶのを手伝ってあげて！　「孔雀の間」と「富士の間」は、お料理が違うから、注意して運んでね。絶対、間違わないでよ。

ホア　……。

早川　ホアさん、返事は？　返事がないと、指示が伝わっているのかわからないでしょ。ちゃんと返事して。

ホア　はい！

　早川主任の言い方に、失敗は許されないんだとホアは思い、戦々恐々と動き回っていた。最後の御膳を運んでいるとき、廊下でホアが転んでしまった。「ガチャーン！」

早川　何やってるの。お料理が台なしじゃない！　早く板場に連絡して。早く。

ホア　(涙目)何と言えばいいんですか？

早川　「お膳を一客落としてしまいました。至急、一客つくってください。お願いします」って言うのよ。お客様がいらっしゃるから、とにかく早く。

ホア　はっ、はい。

A旅館では、いまだにセクショナリズムがあり、板場との連携がうまくいかないときがある。しかし、最終的には「顧客満足」のためにフロントや営業、そして客室担当係からの申し出を受け入れてきたのが、いつも料理人たちであった。

三浦　ホアさん、今夜は大変忙しい思いをさせたわね。本当、
　　　お疲れさま。宴会が2件入ると、いつもこんな感じなの。
　　　バタバタして、みんな苛立っていたでしょ。ごめんね。

　ホアは、三浦係長から優しい言葉をかけてもらい、つい泣いてしまった。職場で涙を見せるのは初めてだった。来日から今日までのつらいできごとを思い浮かべ、ホアは見栄も外聞もなく三浦係長の胸で泣いた。
　数日後、ホアはシフトの関係で久々に早川主任と休憩室で顔を合わせた。

ホア　主任、先日はいろいろとご迷惑をおかけいたしました。
早川　いいのよ。無事、宴会が終わり、お客様も満足してお帰
　　　りになったから、問題なし！　気にしない、気にしない。
ホア　ありがとうございます。
早川　ところで、ホアちゃんの両親って、私くらいの年齢？
ホア　はい、そうですが……。

早川	ちょっとね。同年代だとしたら、子どものしつけ方がわからない親だなぁ〜と思ってね。
ホア	……。
早川	板場に連絡してって言ったとき、「何と言えばいいんですか」って聞いたよね。
ホア	はい。
早川	お家は、雑貨屋さんでしょ？　お客様商売だよね？　人に謝ったり、お願いごとしたり、そういうときの言葉づかいくらい、親から教わるでしょ、普通は。
ホア	……。
早川	親の顔が見たいもんだわ。本当、呆れる。

> ホアは、お昼ご飯も食べず、ずっと顔を下に向けていた。そこに安田課長が入って来た。

安田	何を話してるの？　廊下まで声が聞こえてたよ。
早川	別に。
安田	ホアちゃん、元気ないね。宴会の日の話は聞いたよ。そんなに落ち込まないで。
ホア	……。
安田	いいことを思いついたんだけど、明日、ホアちゃんの寮に集合して、パーティーしようか？
ホア	えっ。
早川	それ、いいね。ホアちゃんの部屋の中も見てみたいし〜。

ホア　……。

安田　ホアちゃんの手料理も食べたいなぁ。料理人たちにも迷
　　　　惑かけたんだから、みんなを呼ぼうか？

早川　課長、それって、いいですねぇ。

安田　ホアちゃん、本場のベトナム料理をよろしくね！

> 2人の笑いが休憩室に響いた。

ホア　……。

> ホアにとり、これまでで一番ショッキングなできごとだ
> った。みんなが優しかったのに、急にいじわるになったの？
> それに「なぜ、私の都合を聞かないの？」という思いでい
> っぱいだった。そこに、三浦係長が入って来た。

三浦　笑い声が聞こえたけど、楽しいことでもありました？

安田　別に〜。ただの世間話です。では、失礼。

早川　ご馳走さまでした。お先に〜。

> 安田課長と早川主任は、蜘蛛の子を散らすように休憩室
> から出ていった。ホアは、「係長、早退してもよろしいで
> すか？」と言い、迷った挙句、いまのできごとの全部を話
> すことにした。

三浦　ホアさん、申し訳ないです。従業員の教育ができていなくて。本当に恥ずかしい。申し訳ございません。

ホア　係長は謝らなくていいんです。やめてください。私は、いじめられているんですよね？

三浦　違う！

ホア　明日、お休みをいただけますか？　日本に来たときに窓口になってくれた商工会議所の方に相談したいんです。

三浦　ホアさん、ちょっと待ってくれる？　女将と支配人に相談するから、ちょっと待って。お願い！

ホア　……。

三浦　明日、女将と支配人が出張から戻るから、それまで待ってちょうだい。二人をホアさんの寮に行かせないから。約束する。お願い。

ホア　では、失礼いたします。お元気で。

　ホアは、何かを覚悟しているようだった。三浦係長は、すぐ支配人に連絡し、状況を説明した。そして、支配人の指示で、ホアに何度も電話をしたが出なかった。また、ホアの寮を訪ねたが不在。いったいどこへ行ってしまったのかと、不安を募らせていった。

　2日後、商工会議所から職員が2名やって来た。ホアが、一緒に来日した友人のところにいることを知った。

　そして、同業種であれば転職可能と説明を受けた支配人は、技能実習生を受け入れることのむずかしさを知った。

何より受け入れる前の態勢が整っていなかったことを悔やんだ。支配人はとにかくホアに会って、謝罪しなければと思った。

〔 ストーリー6 解 決 策 〕
「個の侵害を受けたとき」
どこまでが業務範囲内情報で、
どこからが個人情報なのか？

　労働者を職場外でも継続的に監視したり、個人の私物を写真で撮影したりすること、上司との面談などで話した性的指向・性自認や病歴、不妊治療などの機微な個人情報について、本人の了解をえずに、他の労働者に暴露することは、「個の侵害」型のパワハラと、厚生労働省のホームページにあります。

　この６つめのストーリーの行為者は、安田課長(58歳)と早川主任(59歳)、被害者は客室担当のホアさん(26歳)です。なぜ、二人はホアさんを個人攻撃することになったのでしょうか。

パワハラが起こった背景とは？

仕事に慣れず、ミスが増えたことがきっかけでいじめに

　ベトナムからの技能実習生のホアさんを老舗温泉旅館が受け入れました。仕事も熱心で、懸命に仕事を覚えようとするホアさんですが、仕事に就いて３年目になったある日、「親の顔が見たいもんだわ。本当、呆れる」と上司である早川主任に言われたことで、深く傷つきます。

　三浦係長と早川主任からすれば、日々の仕事で失敗が増えたホアさんに、いら立っています。そのストレスが個の侵害に結びついていくわけですが、それによってホアさんは、いじめられていると感じてしまいました。そして、職場から逃げ出してしまいました。この問題をパワハラの定義にてらし合わせてみると、どう考えられるでしょうか。

①優越的な関係を背景とした言動

　早川主任はホアさんの上司にあたりますから、優越的な関係を背景にしてホアさんに接しています。ホアさんもその関係性に応じて、指示にしたがって業務を行なっています。同時に、藤沢支配人、安田課長、三浦客室担当係長らの指示にも、優越的な関係を背景にしたがっています。

②業務上必要かつ相当な範囲を超えたもの

　ホアさんは、客室担当業務については、みんなにかわいがられ、アットホームな職場は居心地が良く、これから伸びようとしていました。しかし、3年目になっても日本語のむずかしさ、日本食の盛りつけなどもむずかしく感じることがあります。

　最近では注意されたり、叱られたりすることが多くなりました。寮で泣いて過ごすこともある中で、新しく宴会ヘルプの業務が出てきました。初めての経験です。

◇一番年下であるホアさんの言動

　・日本語は片言ではあるが、日常会話では不自由しなかっ

た。採用３年目に入ったホアの語学力は、かなり上達し
ていた。

・A旅館の従業員は人柄がよく、笑顔で人懐っこいホアを
みんながかわいがった。ホアもアットホームな職場は、
居心地が良かった。

・来日直後は、日本食のマナーを覚えるのがむずかしいと
感じた。２年目からは優等生と言っていいほど、まじめ
にさまざまな知識を学び、スキルアップしていった。

・３年目になると客室担当者として、一連の業務を一人で
やらなければいけなかった。休んでいる暇がない忙しさ
だった。

　ホアさんは、客室と宴会で料理を出すタイミングや料理人さ
んたちに言うべきことがわからず、教えてほしいことや不安が
たまっていきました。しかし、忙しい早川主任は「もっと丁寧
に運んで！」「それは後で指示するから！」「絶対間違わないで
よ」などと言うだけです。

「丁寧に運ぶとは、具体的にどのような行動か」「必要な指示
は事前に行う」「間違わないためには、一つひとつ必要なステ
ップを教える」など、初めて業務を担当させるときに必要な具
体的な指示はありませんでした。

　しかも、ホアさんは外国人であり、子どもの頃から日本文化
で育てられたスタッフではありません。「丁寧に運ぶ」という
行動一つとっても、外国と日本では期待される行動基準は異な

るかもしれません。「知っていて当たり前」「常識でしょ」という感覚は、指導育成の場では危険です。

　相手が「知っているかどうか」「常識を共有しているかどうか」を確認しなければ、期待通りの結果は得られません。その意味でホアさんの失敗は、最初にホアさんのスキルを確認しなかった早川主任の失敗になります。

◇入社39年の安田課長、入社40年の早川主任の言動

・同年代だとしたら、子どものしつけ方がわからない親だなぁ〜と思ってね。親の顔が見たいもんだわ。本当、呆れる。←早川主任

・料理人たちに迷惑かけたんだから、みんなを呼ぼうか？
本場のベトナム料理をよろしくね！←安田課長

　ホアさんは宴会での失敗もあり、また早川主任や安田課長の祖国を嘲笑するような態度にショックを受け、みんなにいじめられているという気持ちになり、ついには旅館から出て行ってしまいました。

　早川主任は、ホアさんのやる気を退行させ、それだけではなく業務放棄をさせてしまいました。このことは「必要かつ相当な指示や支援」を行なっていなかったことを示しています。

　③労働者の就業環境を害すること（身体的もしくは精神的な苦痛を与えること）

　ホアさんは、早川主任から親のしつけを批判されたことや、

安田課長と早川主任から一方的にホアさんの自室に行くからと言われたことで、個人攻撃を受けたと感じてしまいました。

　慣れない環境で、これまで指示にしたがってきた上司たちからの仕打ちですから抵抗も拒否もできず、この職場には逃げ場がないと感じたでしょう。毎日勤務する場に、居場所がない、逃げ場がない、と感じることは大変な苦痛になります。

　しかも、日本に来て2、3年の外国人実習生なら、その苦痛はなおさら大きなものに感じられます。

パワハラから脱する方法とは？

　では、パワハラから脱するにはどうしたらいいのでしょうか。何度も説明してきたように、「自分が行動することで解決する」ことが基本です。

　ホアさんの問題に関して、つらい思いをしたのはホアさん自身です。しかし、ホアさんが出ていってしまったことで困っているのは、藤沢支配人や三浦係長です。

　三浦係長は「申し訳ないです。従業員の教育ができていなくて。本当、恥ずかしい。申し訳ございません」「二人をホアさんの寮に行かせないから。約束する。お願い」と、ホアさんに懇願しています。藤沢支配人も、技能実習生を受け入れる態勢が整っていなかったことを謝罪しなければと後悔しています。

　今回の問題で、ホアさんは大変、傷ついています。せっかく

日本までスキルを学びに来ているのに、傷ついた経験をそのままにしておくことは、日本人として残念です。ここではホアさんに、もう一度、チャンスをもらえるように方向性イメージを考えたいと思います。

> ### 【方向性イメージ】を思い描く
> 　現状の問題から離れて、頭も心もゼロにして、「もっとも安心を感じている自分」、未来の自分の状態は、どのような状態かを思い描きます。

　方向性イメージを思い描くべき人は、もっとも困っている当事者です。三浦係長も藤沢支配人も困っている当事者です。ホアさんの問題は、ただ懇願し、謝罪するだけで解決するものではありません。ホアさんが職場に戻ってきたとしても、この老舗旅館の職場風土は変わっていませんから、おそらく同じことが繰り返されるでしょう。

　老舗旅館の人材不足を考えれば、外国人技能実習生を受け入れることは喫緊の課題です。外国人の受け入れは、これまでにやったことのないまったく新しい異質なことですから、職場の制度も風土も改革する必要があります。

　職場改革に対する方向性イメージを思い描くのであれば、その音頭を取るのは旅館トップの藤沢支配人しかいません。旅館全体がどのような状態なら、自分が想定する未来を手に入れられるのか思い描きます。

不可能とも感じる方向性イメージを思い描くには、現状から自分をいったん切り離します。安心している未来の自分だけをイメージし、その中でホアさんや他の外国人実習生たちがイキイキと仕事をしている状態を想像します。そのイメージの中で、旅館はどのような状態なのか、具体的な行動や状況を想像していきます。

　安田課長、三浦係長、早川主任、料理人さんたち、そして藤沢支配人自身は、どのような行動をとっているのか、旅館の内部はどうなっているのか、実習生たちはどのように指導育成されているのか、一つひとつ想像します。

　この想像の中で、ホアさんが戻ってくるためには、実習生に対する指導・育成の制度や環境が変わっていなければならない、と藤沢支配人は感じたとします。

　そのためには、旅館のスタッフを総動員する改革が必要だと感じるでしょう。簡単なことではないので全力で取り組む覚悟が必要になります。そこで、藤沢支配人は次の二つの方向性イメージを設定します。

藤沢支配人の方向性イメージ ❶
私が外国人技能実習生の指導育成制度
および就業環境を整備させた状態

藤沢支配人の方向性イメージ ❷

私がホアさんに戻ってきてもらい、
以前のように客室と宴会を担当してもらっている状態

【支援】を探す

　方向性イメージに向かう自分の能力と意欲を高めるための支援を周囲360度探します。現在、過去、未来の周囲360度を想像します。

　方向性イメージ①「外国人技能実習生を適切に指導育成する制度や環境を整備させた状態」は、ホアさんだけではなく、これからのすべての外国人技能実習生のためのものです。

　この方向性イメージを実現するには、まず、客室担当や宴会担当などの異なる業務について、それぞれマニュアルが必要です。現在はそれがないようなので、外部のマニュアルや外部の専門家、そして経験者の支援を受けることが考えられます。

　マニュアルがあっても日本語で書かれていれば、外国人の技能実習生には理解がむずかしいかもしれません。その場合は、OJTや学習時間を設けるなどの工夫が必要です。

　OJTと言っても、忙しいからと言って「後で教える」だけはダメです。実習生の仕事振りに合わせて指導し、実習生がスキルアップし、やる気を継続できるよう育成しなければなりま

せん。このような仕事振りに合わせた指導育成方法を、支配人以下、課長も係長も主任も全員が学びます。

　ホアさんはこの老舗旅館では初めての技能実習生ですから、藤沢支配人以下、上司全員にとって初めての指導育成になります。外部の専門家の協力のもと、教育システムを構築することが考えられます。

　方向性イメージ②「ホアさんに戻ってきてもらい、以前のように客室と宴会を担当してもらっている状態」は、ホアさんからすれば「業務に戻る」ことです。無断で飛び出すほどのショックを受けたホアさんは気乗りしないでしょう。藤沢支配人はもう上司ではないので、指示や命令はできません。「戻ってください」と、お願いするしかありません。

　傷ついているホアさんに謝罪やお願いを聞いてもらうためには、ホアさんが耳を貸そうという気持ちになる誰かが必要です。藤沢支配人がこれまでホアさんに対して親身で、ホアさんも藤沢支配人なら話を聞くという関係ならば、話を聞いてくれるかもしれません。

　また、三浦係長からは優しい言葉をかけてもらったときに、ホアさんはつい泣いてしまったとあるので、三浦係長の話なら聞くことも考えられます。

　しかし、実際は三浦係長も「申し訳ないです。お願い！」と懇願しましたが、効果はありませんでした。職場の誰の話も聞かないのであれば、外国人技能実習生たちを管轄する商工会議所の支援を検討することが考えられます。

【資源】を選ぶ

　探し出した支援をえるために、自分のどの資源を使うか
を選びます。

　方向性イメージ①「外国人技能実習生を適切に指導育成する
制度や環境を整備させた状態」では、新しいマニュアル作成や
教育システム構築をするために外部の専門家や経験者などの支
援を考えました。その支援をえるのに、藤沢支配人のどの資源
を使うかを考えます。

　外部の専門家に依頼するとしたら、いい専門家を引き寄せら
れる資源が必要です。お金も必要ですが、「こうしたい」とい
う藤沢支配人の方向性イメージや情熱、手伝う旅館スタッフの
手配など、専門家にいい仕事をしてもらうための環境づくりな
ども重要な資源になります。

　また、これからの外国人技能実習生たちにも、老舗旅館の経
営にも大いに役立つ仕事であることは、専門家にとってもやり
がいがあり、引き寄せられる資源になります。

　方向性イメージ②「ホアさんに戻ってきてもらい、以前のよう
に客室と宴会を担当してもらっている状態」に対して使える
資源は、ホアさんが「ほしい」と感じるものかどうかで考えま
す。ホアさんが「ほしい」と感じるものは、実習をはじめたこ
ろのアットホームな職場で、みんなにかわいがられて居心地が
良かった職場です。そして、日本語や日本食の盛りつけなどの

慣れないものについて教えてくれる職場の人たちです。

　ホアさんが戻ってきたら、そういった職場やスタッフたちが待っているという事実は、資源の一つになります。

　ホアさんに、藤沢支配人に大事にされているという信頼感があれば、それも藤沢支配人の資源になります。藤沢支配人にその自信がなければ、三浦係長や外国人技能実習生たちを管轄する商工会議所が、ホアさんに信頼されているかどうかを考えます。ホアさんが職場に戻ってくるかどうかは、ホアさんが信頼する対象を見つけて、それを資源にすることです。

【リーダーシップ】を試行錯誤する

　方向性イメージに向かって、探し出した支援に「働きかけ」ます。相手が「支援したくなるように」、自分の資源を感じさせて影響力をおよぼします。

　失敗することもありますし、一筋縄ではいかないことを前提に、あきらめず一歩一歩進みます。

　方向性イメージ①これに対する支援は、これから外国人技能実習生を指導育成するためのマニュアル作成や教育システム構築に役立つものなどです。他社のサンプルや実績、外部専門家、外国人への指導育成スキル学習の機会など、ほとんど手元にないものばかりです。既存のものや自分の過去の経験を土台にして必要なものを加えたり、工夫したり、専門家や他の人々の助けを借りてつくることができます。

方向性イメージ②これに対する支援は、部下ではないホアさんが藤沢支配人の謝罪やお願いをどう感じるか、すでにマイナスの感情を抱いているホアさんを相手として、どのような支援を探し出せるのか、すぐには思いつかないかもしれません。

過去にマイナスの感情を持ってしまった相手と関係を修復した経験があれば、あるいは他の人たちの関係修復の経験談があれば、それらはヒントになります。すぐには思いつかない支援も、日々周囲に相談するなどしていれば、何かひらめくかもしれません。

自分が使える資源についても、支援を求める相手が何を「ほしい」と感じるだろうかと想像することからスタートします。資源は使ってみて結果を見ないと、影響力として発揮されたのかどうかわかりません。使って効果なければ、他の資源を使ってみる、の繰り返しになります。

一度や二度チャレンジしただけでは失敗するかもしれませんし、想像以上に時間がかかるかもしれません。結局ホアさんは戻ってこないかもしれません。しかし、老舗旅館のこれからを考えれば、藤沢支配人があきらめずに職場の改革を進めることは、安心している未来の自分をつくり出すための前進になります。

Chapter 7

[上級編]

行動科学

自分アジェンダで
ハラスメントを解決する

ここから行動科学をしっかりと学びたいというあなた向けに言葉の説明なども含めて、「状況対応リーダーシップ」の考え方に基づいたハラスメントの対処法についてくわしく説明していきます。

なすべきことを示す「自分アジェンダ」

　本書の解説では、パワハラから抜け出す方法として、①方向性イメージを思い描く、②支援を探す、③資源を選ぶ、④リーダーシップを試行錯誤する、というステップを紹介しました。

　行動科学でリーダーシップを定義する場合、通常、「目標(タスク)をリーダーが、他者やチーム(フォロアー)に働きかけて達成するプロセス」に集約されます。

　行動科学のいくつもの理論を統合してモデル化させた状況対応リーダーシップでは、**働きかけ**というひと言で表しています。フォロアーとは、リーダーと対(つい)で使われる用語であり、リーダーシップの働きかけを受ける対象のことです。

　ここで解説している4ステップは、この定義を軸足に置きながら、「リーダーは自分と支援(他者)」「フォロアーも自分と支援(他者)」としてリーダーシップ・プロセスを応用したものであり、**自分アジェンダ**と呼んでいます(『12のリーダーシップストーリー　課題は状況対応リーダーシップで乗り切れ』生産性出版刊／p.192)。上級

編では、行動科学および状況対応リーダーシップの考え方を用
いて「自分アジェンダ」から整理してみましょう(図表5)。

図表 5　状況対応リーダーシップと自分アジェンダ

	状況対応リーダーシップ	自分アジェンダ
1	目標(タスク)を	方向性イメージまで
2	リーダーが	①自分が
		②周囲360度の支援が
3	フォロアーに (チームや部下や他者)に	①周囲360度の支援に
		②自分に
4	働きかけて	資源を影響力に変えて、働きかけて
5	達成するプロセス	到達する試行錯誤プロセス

「状況対応リーダーシップ」と「自分アジェンダ」基本キーワード11

・自分アジェンダ

・タスク

・リーダー

・プロセスリーダー

・コンテンツリーダー

・フォロアー

・レディネス

・スタイル

・パワー

・パワーベース

・適合・不適合

「方向性イメージ」は、状況対応リーダーシップのタスク(目標、なすべきこと)に該当します。

なすべきタスクと自分アジェンダとは？

　タスクは、行動科学では相手を成長させるために、「背伸びして届く範囲」に設定するようにと勧められています。決して無理難題ではなく、努力すれば達成できる範囲です。しかし、方向性イメージは現在の延長線ではない、非現実的と思える希望や未来の自分を思い描くことです。

　そのような漠然としたイメージや思いなので、タスクではなく、方向性を意味するアジェンダと表現します。

　アジェンダと聞くと、政治家や経営者が大組織のために掲げるアジェンダを思い浮かべるかもしれません。しかし、ここでのアジェンダは、自分にしかわからない「自分が安心して気持ちのいい」感覚のアジェンダであり、自分だけのアジェンダです。そのことを強調するために、「自分アジェンダ」と呼びます。

　自分が目指す未来像、そのために自分がやっていくことが自分アジェンダになります。自分アジェンダを思い描くときは、

　①現状の延長線で考えない。

　②非現実的と思える希望でも気持ちに忠実に。

　③「私が○○である状態」という肯定的な表現にする。

に注意して心の声やイメージを探ります。

①現状の延長線で考えない
──心をゼロにせよ

現状は、つらくて悲しくて苦しい状況です。そんな状況を軸にしたら、「あれもこれもダメだろう」という現実的なアイデアしか思い浮かびません。まず現状を忘れて心をゼロにして、どんな状態なら自分は安心を感じるのかを想像します。

と言っても、「まさかそんなことできるわけない」「それは無理」と感じてしまう場合は、方法を先に考えてしまうからかもしれません。自分アジェンダを思い浮かべるときは、ひとまず方法を考えないことがコツです。現実から離れて、もっとも自分が安心していて明日が来ることを楽しみにしている状態を思い描きます。

②非現実的と思える希望でも気持ちに忠実に
──自分が王様(女王様)とイメージせよ

好きな人たち、優しい人たち、頼りになる人たち、必要とする人たちに囲まれて、充実感をもって生きている自分、自分を自分の世界の王様(女王様)だと思って想像します。自分の中だけで思い描くので、誰にも気兼ねせず、恥ずかしいこともなく、無理もせず、カッコつける必要もなく、本来の自分が安心している状態を気持ちに忠実に思い描きます。

③「私が○○である状態」という肯定的な表現にする
──そして、行動せよ

自分の気持ちに忠実で、非現実的とも思える希望を思い浮か

べたら、それを「私が○○である状態」という表現に落としてみます。「私」を主語にすることで、すべてのはじまりが自分から行動することになります。行動することで、どんなに小さくても結果が出ます。結果が出れば、次にどのような支援をえるか、どのような資源を活かすか、が見えてきます。

どのような支援がえられるのかを周囲360度探すこと、その支援をえるために自分のどのような資源を活かすかを考えることは、行動するための具体的な方法になります。行動しなければ、方法は浮かんできません。「行動⇒結果⇒方法⇒行動⇒結果⇒方法⇒行動」の繰り返しで、少しずつ前に進みます。

非現実的と思える希望に向かって進むことは、いままでやったことがないことへのチャレンジです。未知の世界へのチャレンジは試行錯誤することで、その方法は後から見えてきます。

さて、そこで前半で整理した「6つのストーリー」の当事者たちの自分アジェンダを見てみましょう。現状を考えると、どの当事者たちも、現在まったくできていないことを自分アジェンダにしています。

6つのストーリーの自分アジェンダ

〈Chapter 1〉平岡係長は、売上20%アップを達成する能力を身につけている状態。

〈Chapter 2〉沢田課長は、職員たちも含めて、論理的かつ端的な書類を作成し報告を行い、斉木理事長が納得している状態。

〈Chapter 3〉松倉さんは、窓口営業をともなうテラー業
　務をしっかりこなしている状態。

〈Chapter 4〉池田医師は、子どもを自分の手で育てなが
　ら、産業医の業務もしっかりこなしている状態。

〈Chapter 5〉秋元係長は、平田係員が自発的に庁舎管理
　係の日常業務を行えるよう指導育成している状態。

〈Chapter 6〉藤沢支配人は、外国人技能実習生の指導育
　成制度、就業環境を整備させた状態、ホアさんに戻って
　きてもらい、以前のように客室と宴会を担当してもらっ
　ている状態。

　当事者たちがこれらの自分アジェンダを思い描いたときは、
これから周囲360度の支援を探し、自分が使える資源を選ぶわ
けですから、具体的な方法までは考えていないわけです。すで
に述べてきましたが、方法を考えていたら、その大変さがクロ
ーズアップされて、考えることすらやめたくなってしまいます。

　本当につらくて悲しくて苦しいとき、現状を忘れて心から安
心して満たされている自分を思い浮かべ、そのイメージを膨ら
ませて、気持ちのいい状態に自分をしばらく置いてみることが
大事になるのです。

　それは、その安心して気持ちのいいイメージを「現実の自分」
が感じるからでしょう。その最も安心して気持ちのいい状態を
現実のものとして感じたら、周囲360度にどんな支援がありう
るのか、ダメ元でも探してみようという気になります。

パワハラの被害者たちが、現状から抜け出すために行なった最初の一歩は、「私」を使って方向性イメージを思い描くことでした。

「プロセスリーダー」「コンテンツリーダー」を自分に据えよ

　ところで、リーダーシップという言葉を聞くと、「あの政治家のリーダーシップは……」「あの経営者のリーダーシップは……」という批評や評論が聞かれるように、多くの人が**「他人のリーダーシップ」**についてイメージする傾向にあります。しかし、被害の当事者が自分である場合は、他人のリーダーシップではなく、**「自分のリーダーシップ」**について考えるのがコツです（図表6）。

　そこで、自分アジェンダのリーダーは、まず「自分」です。最初から最後まで、自分が舵取りをします。しかし、やったこともない非現実的とも思えることに向かって進むには、自分は知識も経験もスキルも自信も不足しているので、それらを補う多くの支援が必要になります。つまり、「必要な支援を探し出して支援してもらう」ことが大切で、これが「自分」のタスク（なすべきこと）になります。自分は、「現在の自分」から「未来の自分」までの道中（プロセス）をずっと自分が進むことができるようにリード（舵取り）する**プロセスリーダー**だからです。そして自分を支援してくれるように働きかける相手は「フォロア

ー」です。

ところで、支援には「能力を高める支援」と「意欲を高める支援」の2つの支援が考えられます。

能力や意欲は、自分アジェンダに進むために、自分アジェンダの内容(コンテンツ)にかかわるものです。自分の能力や意欲が高まるよう**働きかけ**てもらうという意味で、この支援を**コンテンツリーダー**と呼びます(『行動科学入門』日本生産性出版刊／p.92)。

図表6　2種類のリーダー

リーダー	①自分	→ プロセスリーダー
	②周囲360度の支援	→ コンテンツリーダー

自分が働きかけているときは、働きかけられている対象はフォロアーですが、支援してくれるようになれば、自分の能力や意欲を高めてくれるコンテンツリーダーとなります。支援は最初はフォロアー、そして自分の「支援してほしいという働きかけ」が成功すれば、コンテンツリーダーに変わります(図表7)。

図表7　プロセスリーダーとコンテンツリーダー

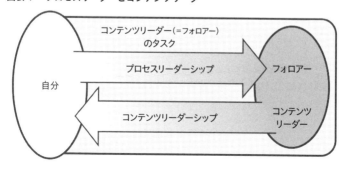

ストーリー4の池田医師が子育てをしながら、産業医の仕事をきちんとやっていきたい、という自分アジェンダについて、業務契約の見直しや上司との契約に関するやりとりについて支援をしてくれる人たちは、池田医師の「能力」を高めてくれるコンテンツリーダーたちです。

　池田医師が難題に立ち向かっているときに応援したり、癒やしてくれる家族や友人たちは「意欲」を高めてくれるコンテンツリーダーたちです。

　このように自分アジェンダでは、プロセスリーダーシップとコンテンツリーダーシップの2つのリーダーシップが同時にとられることになります。

コンテンツリーダー・リストをつくろう

　自分アジェンダを思い浮かべ、心からそのような「安心した気持ちのいい状態の自分」になりたいと思ったら、次のステップは支援であるコンテンツリーダーたちをさらに探すことです。コンテンツリーダーを探すときは、周囲360度を見渡します。現在、過去、未来、目の前に見えているものも見えていないものも、あらゆる可能性を想像します。といっても闇雲に探すわけではありません。自分アジェンダに向かう**自分の能力と意欲を高めるためのコンテンツリーダー**を周囲360度で探します。

　コンテンツリーダーは、自分アジェンダに到達するまでに役立つすべてのヒト、モノ、コト、有形、無形、目に見えるもの、見えないものすべてから探し出せます。積極的に助けてくれる

人も支援ですが、ただそばにいるだけで何もしない人でも、その結果、自分が前進できるなら、その人もコンテンツリーダーになります。ここが、行動科学や自分アジェンダの考え方の興味深いところです。

　植物も動物も、それによって停滞していた気持ちが前向きになるなら、それらもコンテンツリーダーになります。目に見えない気持ちや雰囲気や空気感も、もしそれでアイデアがひらめき、前進できるのであればコンテンツリーダーなのです。

　このようにコンテンツリーダーは、人だけじゃない、職場だけじゃない、過去の関係者や仕事にかかわらない関係者も、子どもも、外国人もペットも、みんなコンテンツリーダーになります。地元だけじゃない、日本だけじゃない、対面だけじゃない、肩書がある人だけじゃない、自分の周囲360度を見渡してみませんか。

　そのヒト、そのモノ、そのコト、何でもいいのですが、自分が安心しているとき、気持ちいいときに、気持ちいい対象として、誰が、何が浮かんでくるか、その人や対象物から何を受けているか、何をえているか、と思いを巡らせます。
「まさか、こんなことが……」と浮かぶものがあったら、それは「まさか」ではないのです。自分の直感であり、それが当たりだと思ってよいのです。その「まさか」を取っかかりにして、思い浮かぶコンテンツリーダーを自分の**コンテンツリーダー・リスト**に入れていきましょう。
「最近、会っていない人だから、まさか、いまさら連絡できな

い」「まさか、そんなに役職の高い人に相談するのは無理」「ま
さか、あんなに忙しいあの人は、きっと取り合ってくれない」
「まさか、温泉や旅に行っても、何も変わらない」など、非現
実的なコンテンツリーダーと思えるものでも、思い浮かんだら
すべて「コンテンツリーダーリスト」に入れます。ここでは深
く考えなくて大丈夫です。「後でいくらでも修正できるのだか
ら」と、気楽に考えてみましょう。

自分の「能力と意欲」を測る指標「レディネス」

　必要なコンテンツリーダーは、自分の現状によって変わりま
す。支援を探すには、自分アジェンダに向かおうとしている**現
在の自分の能力と意欲**と、自分アジェンダに到着している**未来
の自分の能力と意欲**を知り、その差を知ることからはじめます。
　差が大きければ、たくさんのコンテンツリーダーが必要であ
り、差が小さければ、コンテンツリーダーは少なくても自分一
人で進められる**自律的な状態に近い**ことを意味しています。
　自分の現在と未来の「能力と意欲」を測る指標は、**レディネ
ス**と呼ばれます。レディネスは、「能力」と「確信　意欲」の
それぞれが高いか、低いかの組み合わせで診断し、最も低いレ
ディネス1（R1）から最も高いレディネス4（R4）まで4段階あ
ります。レディネスの診断には、2つのステップがあります（図
表8）。

図表 8　レディネスの 4 段階ステップ

ステップ 1	まず、自分が自分アジェンダに向かって一人で進めているかどうかをチェックします。 ・進めていなければ他律的であり、低めのレディネス（R 1か R 2） ・進めていれば自律的であり、高めのレディネス（R 3か R 4）
ステップ 2	次に、自分が確信や意欲を持って進めているかどうかをチェックします。 ・「確信や意欲も低く、他律的であれば（一人で進めていなければ）」は、R 1。 ・「確信や意欲は高まったが、まだ他律的であれば（一人で進めていなければ）」は、R 2。 ・「確信や意欲はまだ十分ではないが、自律的に進めていれば」は、R 3。 ・「確信や意欲も高く、自律的に進めていれば」は、R 4。

出所：（『12のリーダーシップストーリー』生産性出版刊／ p.57）

　レディネスを診断する際の注意点は、「やればできるだろう」という推測は「できていない」と、とらえることです。「やればできるだろう」ということは、現在はやっていないのであり、能力は潜在的にあるかもしれませんが、何らかの理由で実際にはできていない状態です。レディネスは、**目に見えている行動だけ**で診断します。

　レディネスを測る要素の一つである「確信・意欲」について、これは単なるやる気ではありません。「新入社員はレディネス 2（能力は低いが意欲は高い）」と勘違いされることがありますが、

これは意欲を**責任がともなっていないやる気**ととらえてしまった例です。

レディネスを診断する際の軸となる基準は、「何が期待されているか」という期待基準ですから、その期待基準を果たす責任に対して「自信、コミットメント、動機」があるかどうか、つまり、「責任をともなっているやる気」です。そこで、状況対応リーダーシップでは、意欲を**確信・意欲**で示します。

能力と確信・意欲をこのような視点で見ながら、パワーハラスメントを受けた当事者たちの自分アジェンダに対するレディネスを見ていきます。

平岡係長は、「売上20％アップを達成する能力を身につけている状態」を自分アジェンダにしましたが、そのための現在の平岡係長の能力は、まだはじめようとしている段階であり、「実際にやっていない」ので低い。確信・意欲も、まだはじめていないので、最後までやりきれるか確信がない不安な状態。つまり、確信・意欲は「低い」ととらえます。「能力が低く、確信・意欲も低い」状態は、レディネス1の状態です。

同じことが他のすべての当事者たちにも言えます。沢田課長も、松倉さんも、池田医師も、秋元係長も、藤沢支配人も、これから自分アジェンダに向かおうとしているので、「まだやっていないし、不安」なレディネス1の状態です。

自分アジェンダを実現させる４つの「スタイル」とは？

自分アジェンダに向かって進もうとしている当事者たちの

「現在の自分のレディネス」を「能力が低く、確信・意欲も低い」
レディネス１と診断しました。次のステップは、自分アジェンダ
に到達した「能力が低く、確信・意欲も高いレディネス４の未来
の自分」に至るために必要なコンテンツリーダーを探すことです。

　平岡係長の例で考えると、「自分の能力を高める支援」は、「売
上20％アップを達成する能力」を高めてくれる支援です。たと
えば、現在や過去のお客様からの要望や苦情、同僚たちがくれ
るアイデアやヒントなどは平岡係長にとって重要な情報であり、
今後の営業活動にも役立ちます。このような知識や経験が増え
ることは、能力向上につながります。

　また、お客様の要望や苦情に対応することは、営業スキルの
向上にもなります。営業に必要な知識や経験やスキルが向上す
る場合、お客様の行動は**指示的行動**になります。指示的行動は、
「何を、誰が、いつ、どのようにやるか」を示す行動であり、「自
分の能力（知識、経験、スキル）を高めてくれる行動」です。
「自分の確信・意欲を高める支援」は、「売上20％アップを達
成する能力を身につけている状態」に到達するまで、失敗して
も時間がかかっても、自分の確信・意欲を維持し、高める支援
です。

　宮原係長や職場の同僚や部下たちと営業の進捗状況を共有し
て気持ちを一つにすることで、「よし、やろう」と前進できる
としたら、それは確信・意欲を高める支援になります。

　このような確信・意欲を高める支援は**協労的行動**と呼び、「自
分の確信・意欲（自信、コミットメント、覚悟、動機）を高めてくれる

行動」になります。状況対応リーダーシップでは、リーダーシップを指示的行動と協労的行動の組み合わせによって、4つのスタイルで示します。

「状況対応リーダーシップ」の4つのスタイルとは？

〈スタイル1〉
双方向のコミュニケーションが少ない「教示的スタイル」

　指示的行動が多く、協労的行動が少ないリーダー行動。やり方を細かく丁寧に伝えることが主な行動。双方向コミュニケーションは少ない。

〈スタイル2〉
指示、協労的行動も多い「説得的スタイル」

　指示的行動が多く、協労的行動も多いリーダー行動。やり方を細かく伝え、なぜに答え、双方向コミュニケーションをとる。

〈スタイル3〉
「指示的行動＜協労的行動」が成り立つ「参加的スタイル」

　指示的行動は少なく、協労的行動は多いリーダー行動。一緒に取り組んだり、必要なときにサポートしたり、双方向コミュニケーションを多くとる。

〈スタイル4〉
指示的行動も協労的行動も少なくてよい「委任的スタイル」

　指示的行動も少なく、協労的行動も少ないリーダー行動。任せて見守る。やり方の説明も双方向コミュニケーションも少ない。

出所：『12のリーダーシップストーリー』p.61

　効果的なリーダー行動を調査した結果、それぞれのレディネスに対してどのリーダーシップが効果的に発揮されるのかがわかっています。

　レディネス１には、教示的スタイル（スタイル１）、レディネス２には、説得的スタイル（スタイル２）、レディネス３には、参加的スタイル（スタイル３）、レディネス４には、委任的スタイル（スタイル４）が適合しますが、行動科学の研究データからこの適合によって、リーダーシップの成功率が高まることがわかっています。

「パワー」の発揮に不可欠な「資源」を見極める

　自分アジェンダに向かう自分のレディネスが高ければ、自分の力だけで到達できますが（自律的）、レディネスが低ければ一人では到達できません（他律的）。自分アジェンダに向かうためのレディネスが低いなら、外部から多くの支援が必要です。

　だからこそ、既知の支援だけではなく、自分の周囲360度を見渡して、思いもつかなかった支援、非現実的だと思えた支援、まったく関係がなかった支援など、あらゆる可能性を探ります。

そのような支援をえるためには、いままでやってきた方法だけではなく、新しい方法が必要です。現状と同じ方法なら、現状のような支援しかえられません。

　現状えられる支援について、いままで「なぜ、自分は支援をえられてきたのだろうか」を考えます。家族だから？　友達だから？　人間関係がよかったから？　仲が良かったから？　いつも助け合っていたから？　頼むたびにお礼をしていたから？　そばにいてくれるだけで、うれしいと思われていたから？　など、いろいろあるでしょう。

　つまり、自分も何か相手がほしいと感じるものを提供していたから、相手にとって有用なものを提供していたから、支援をえられていたことがわかります。

　外部から支援をえているときは、自分も有形無形の何かを相手に提供しているのです。積極的に何かしなくても、何かをあげなくても、そばにいるだけで、優しい表情をするだけで相手は喜んで支援してくれることもあります。

　自分は、案外多くの資源を持っています。気づいている資源もあれば、気づいていない資源もあります。自分は気づいていなくても、周囲が気づいている資源もあります。しかし、たとえ資源を持っていても使わなければ効力を発揮しません。使わなければ、自分も「資源を持っていない」、周囲もあなたは「資源を持っていない」と思ってしまいます。

　資源は相手に感じられて、初めて影響力になります。影響力として発揮された資源は**パワー**になりますが、使われていない

状態の資源は、パワーのベース（基盤）という意味で「パワーベース」と呼ばれます。

＜パワーベース＞あなたの「７つの影響力」を棚卸しせよ

　私たちが持っている資源、どんな人も持っている資源として考えられるものは大きく次のカテゴリーに分類されます。

　・どんなムチ（罰を与える力）を持っているか？

　・どんなアメ（褒美を与える力）を持っているか？

　・どんな人脈を持っているか？

　・どんな組織的地位や正当性があるか？

　・どんな人間性があるか？

　・どんな情報を持っているか？

　・どんな専門性を持っているか？

　これらの資源は、「活かされれば影響力としてリーダーシップの発揮」になります。これらの影響力は、順に規制力、褒賞力、コネ力、公権力、人格力、情報、専門力の７つの影響力（パワー）に分類されます。

リーダーシップの「成功」と「失敗」の分岐点

　リーダーシップが発揮されているとき、相手はリーダーシップ・スタイルの背景に、何らかのパワーを感じています。

リーダーシップ＝スタイル＋パワー

「言わなければわからない」「やってみせなければわからない」というように、パワーは相手に感じさせなければ影響力を発揮しません。また、相手が必要としているものでなければ、影響力として発揮できません。

　パワーベースは、どのようなものでもパワーベースになりますが、そのパワーベースが影響力となるためには、相手がそのパワーベースを「ほしい」と感じる必要があります。ほしいものは相手によって異なりますから、相手が「何をほしがっているのか」。つまり、欲求をよく観察することになります。

　規制力、コネ力、褒賞力、公権力は**ポジションパワー**に分類され、組織内の地位をもとにして感じられるパワーです。谷川課長は会社から課長という地位を与えられており、平岡係長や課内の全員が「会社にずっと所属していたい」と思っていれば、谷川課長にポジションパワーを感じます(図表9)。

　人格力、情報力、専門力は**パーソナルパワー**に分類され、個人が持っている人格、情報、専門性などの特性によって感じられるパワーです。

　平岡係長は、着実に数字を積み重ねてきた実績や人当たりの良さから職場の多くの人々に好感を持たれていて、「平岡さんのためなら助けるよ」と言われれば、人格力があることになる

わけです。

図表 9　7つの影響力

資源(パワーベース)		影響力	
どんなムチ(罰を与える力)を持っているか？	規制力	ポジションパワー	
どんな人脈を持っているか？	コネ力		
どんなアメ(褒美を与える力)を持っているか？	褒賞力		
どんな公的な正当性があるか？	公権力		
どんな人間性があるか？	人格力	パーソナルパワー	
どんな情報を持っているか？	情報力		
どんな専門性を持っているか？	専門力		

出所：『行動科学の展開』pp.229-238

　リーダーシップが成功している状態は、

①レディネスに適合するスタイル。

②スタイルに適合するパワー。

この2つが同時に成立しているときです。

レディネス⇔リーダーシップ
＝
(スタイル＋パワー)

　パワーは、相手が「何をほしがっているのか」が基準なので、本来はレディネスに適合させます(『行動科学の展開』p.245)。しかし、リーダーシップを成功させるには、レディネスに適合する

スタイル、レディネスに適合するパワー（7つのパワーのどれが適応するのか）というように、バラバラに適合を考えるよりも、レディネスに適合するスタイルだけを考えれば、そのスタイルに必要なパワーは自動的にわかるので、適合を1回考えるだけですみます。ここは、とても大事なポイントです。

図表10　スタイルに適合するパワー

スタイル	適合するパワー
S1 教示的	規制力／コネ力
S2 説得的	コネ力／褒賞力／公権力
S3 参加的	公権力／人格力／情報力
S4 委任的	情報力／専門力

　パワハラが起こっている現場で、被害者たちがどのようなスタイルやパワーを感じていたのかを考えます。相手が嫌がらせと感じ、仕事振りが悪化したり、病気になったり、辞めてしまったりすれば、その行動をとったリーダーは、スタイルもパワーもレディネスに適合していない非効果的なリーダーシップをとったということになります。

　これは**リーダーシップの失敗**になり、パワハラもリーダーシップの失敗にあたります。パワハラにあっている当事者たちは、みんな一様に仕事振りが落ち、ショックを受けて確信・意欲が

落ちてしまっています（レディネス１）。

それに対して、パワハラを行なっている当事者たちのスタイルは、相手の仕事振りが改善されるように業務に必要、かつ相当な指示的行動や協労的行動をとっているわけではなく、どちらの行動量も少ないスタイル４になります。

スタイル４に適合するパワーは、情報力や専門力ですが、図表11のように、実際に相手に感じられているのは規制力がほとんどです。秋元係長は、係長という地位を使っていないので、パワーを喪失してしまっています。

図表11　パワハラ時のリーダーシップ

	タスク	相手の レディネス	スタイル	パワー
谷川課長から 平岡係長	売上20%アップ	R1	S4	規制力
斉木理事長から 沢田課長	論理的で端的な資料作成と報告	R1	S4	規制力
清家課長から 松倉さん	積極的な窓口営業	R1	S4	規制力
末永室長から 池田医師	マニュアル作成、開発	R4 → R1	S4	規制力
秋元係長から 平田係員	庁舎管理係の日常業務	R1	S3	なし
早川主任から ホアさん	客室担当と宴会担当	R2	S4	規制力

レディネス１の当事者たちにスタイル４は適合していません。スタイル４はレディネス４に対して、情報力や専門力を感じさせながらとれば、委任的スタイルのリーダーシップになります。

しかし、レディネスもパワーも適合していない場合は、不適合なリーダーシップであり、回避的かつ放任的なリーダーシップになり、リーダーシップの失敗になってしまいます(『12のリーダーシップストーリー』リーダーシップ地図　表紙裏』)。

　相手のレディネスに、スタイルもパワーも適合しているときは、相手は仕事振りも期待基準に達することができます。適合の状態が続けば、相手のレディネスは成長します。これが**リーダーシップの成功**になります。Chapter 8 に、それぞれのストーリーについて、行動科学に基づいて望ましい会話の例をリストしておくので、そこで改めて整理していきましょう。

「適合」でリーダーシップを試行錯誤してみよう

　これまで解説してきた自分アジェンダ、レディネス、スタイル、パワー、適合・不適合をまとめると、次のように表現することができます。

〈押さえておきたいポイント〉

自分アジェンダに向かって進むには、現在、過去、未来の周囲360度を見渡して、支援してくれるコンテンツリーダーたちを探し、相手のレディネスに自分のスタイルとパワーを適合させて、支援してくれるように働きかけます。

　これが自分のプロセス・リーダーシップです。さらに、自分

を支援してくれるコンテンツリーダーたちのリーダーシップについても、ここで整理してみましょう。

自分アジェンダに到達するには、複数のタスクが必要になってきますので、それぞれのタスクごとにコンテンツリーダーから支援を求めることになります。

〈押さえておきたいポイント〉

タスクごとに、自分のレディネスを伝え、コンテンツリーダーにそのレディネスに適合させてスタイルとパワーをとって支援してくれるよう依頼します。

結果にコミットする「プロセス・リーダーシップ」の進め方

平岡係長の例で見てみましょう。平岡係長の自分アジェンダは、「売上20％アップを達成する能力を身につけている状態」です。プロセスリーダーのレディネスは、「レディネス3」以上の自律的なレディネスであることを前提とします。

プロセスリーダーには、自分アジェンダを進めることの結果責任があります。レディネス2以下の他律的なレディネスになってしまったら、進めるのをあきらめたと考えられます。

自分のつらさは自分にしかわからないので、誰もコトの深刻さに気づきません。自分を守るのは自分なので、自分が行動することで解決します。自分アジェンダに進まなければ、つらいままという結果責任を負うことになってしまいます。

プロセスリーダーの平岡係長は、自分アジェンダに到達する

ために、必要ないくつかのタスクを考えます。たとえば、「受注件数を追加してもらう」「営業先を紹介してもらう」「同じ悩みを持っている仲間(チーム)をつくって営業する」「安らぎをえる」などのタスクを考えたとします。それぞれのタスクについて、コンテンツリーダーを探します。

「受注件数を追加してもらう」というタスクでは、現在のお客様。また、「営業先を紹介してもらう」というタスクでは過去のお客様。「同じ悩みを持っている仲間(チーム)をつくって営業する」タスクでは同僚。「安らぎをえる」では友人や家族。それぞれの状況に合わせてコンテンツリーダーにすることにします。

「働きかける」わけですから、相手のレディネスがどの程度かを診断した上でリーダーシップをとります。

　プロセスリーダーシップは、コンテンツリーダーに支援を依頼するので、基本的に「お願い」になります。お願いを聞いてもらうには、「あなたのためならやろう」という信頼や人間関係が土台になります。

　これは7つのパワーのうちの人格力にあたります。人格力が適合するということは、参加的スタイル(S3)をとることになるので、お願いする相手はレディネス3の対象を探すことになります。

　平岡係長がお客様に「受注件数を追加してもらう」「営業先を紹介してもらう」というタスクをお願いする場合、**成功率を上げる**ためには、「お願いを聞いてくれること」に対してレディネス3のお客様を探すことです。

　闇雲に体当りするのではなく、以前、別件でお願いを聞いてくれたことがある、いつも何かと話を聞いてくれる、応援してくれているようなお客様が対象になります。

　お願いすることに慣れてきたら、レディネス2やレディネス1のお客様にチャレンジすることも考えられます。「お願いを聞いてくれること」に対してレディネス2やレディネス1とは、お願いを聞いてくれた実績がないお客様です。実績はないけれど、ある程度の人間関係ができていて、相談を受けたりしている場合はレディネス2。商品以外の話をしたことがない、人間関係ができていない場合は、レディネス1と考えられます。

　このようにお願いに対してのレディネスが低いお客様に対しては、スタイル1やスタイル2、そしてポジションパワー(規制力、コネカ、褒賞力、公権力)が適合します。このことは、ポジションパワーがなければ、どのようなスタイルをとっても、あまりうまくいかなことを示しています。

　お客様に支援をお願いするときに効くかもしれないポジションパワーは、たとえば、「お客様にとって役立つ人や会社を紹介する(コネカ)」「別のサービスや割引を提供する(褒賞力)」などが考えられます。

　その上で、「いつ、誰に、どのように支援してほしい」と単刀直入にお願いする教示的スタイル、あるいは「なぜ、支援してほしいか」を訴える説得的スタイルをとれば、お客様も聞く耳を持って、契約件数の追加や他の営業先紹介などに乗ってくれるかもしれません。

このように、いままでやったことのある方法だけではなく、思いもつかず非現実的だと思えた支援、まったく関係がなかった支援でも適合するスタイルやパワーをもとに考えを巡らせることで思い浮かんできます。

　いままで想像したこともなかったけれど、自分や相手のレディネスには適合しているスタイルやパワーだと思えば、自信を持って**新しい方法**にチャレンジできるようになるのです。

「コンテンツ・リーダーシップ」の発揮に向けた進め方

　次に、コンテンツリーダーから受ける支援について見てみましょう。支援を受けるには、コンテンツリーダーがうまく支援できるように、自分のレディネスをコンテンツリーダーに伝え、レディネスに合わせてこうしてもらいたいとお願いします。そうすれば、希望する支援を的確に受ける成功率が高まります。「受注件数を追加してもらう」「営業先を紹介してもらう」ことのタスクをお願いしたことのない平岡係長のレディネスは1ですから、コンテンツリーダーに求めるのは、細かく指摘や指示をしてくれる教示的スタイル（S1）、そして規制力やコネ力です。

　同様に、「同じ悩みを持っている仲間（チーム）をつくって営業する」というタスクも、経験がないので能力は低く、どうしていいかわからないので不安な状態のレディネス1です。

　このタスクのコンテンツリーダーに求める支援も教示的スタイル（S1）、そして規制力やコネ力です。

　自分ではどうしていいかわからないことについて、「こうしてください、ああしてください」と細かく指摘や依頼をされる教示的スタイルは助かります。お客様の指摘や依頼に応えなければ、契約件数追加や営業先紹介の支援はえられないわけですから、お客様の教示的スタイルの背景にあるパワーは規制力になります。また、営業先を紹介してくれれば、お客様にコネ力を感じ、細かな指摘や依頼にもっと応えようという気持ちになります。

「安らぎをえる」というタスクについては、パワハラに合うまでは、着実に数字を積み上げられるような安定した状況にあったので、友人や家族を含む私的な生活も安定していたと想像できます。

　パワハラによって気持ちが落ち込んでしまいましたが、生活そのものの能力が自律的であれば、レディネス3に下がってしまったと考えられます。友人や家族などのコンテンツリーダーに求める支援は参加的スタイル（S3）であり、その背景には公権力、人格力、情報力が求められます。

　人格力は、「自分のために、時間を費やして愚痴を聞いてくれている、応援してくれている」と平岡係長が感じることです。情報力は、職場では聞きにくいパワハラの現状やパワハラから抜け出すための情報など、役立つ情報を共有できることが考えられます。そんな友人・知人や家族・親族や情報を探せば、求めている支援をえられることになります。

「公権力が思いつかない」と感じるかもしれません。

しかし、周囲360度の可能性を想像して、知恵を絞ります。公権力は法的なものや制度などのルールによるものです。たとえば、情報検索や知人友人との情報共有でパワハラの相談窓口、労働基準監督署などの公的機関、あるいは弁護士などに相談することが考えられるでしょう。このようなパワハラに関する専門的な相談を受けるだけでも、「安らぎをえる」一歩になります。

　自分が必要とする支援は、相手が持っている資源からえられます。自分が必要とする支援に対して、相手が資源を使ってくれるから、自分への影響力になり、自分は動かされます。これがコンテンツ・リーダーシップです（図表12）。

図表12　平岡係長のコンテンツリーダー・リスト例

タスク	自分のレディネス	コンテンツリーダー	コンテンツリーダーのスタイル	指示的行動コンテンツリーダー		協労的行動コンテンツリーダー		適合するパワー
受注件数を追加してもらう	R1	現在のお客様	教示的スタイル（S1）	多	受注数を増やしてもらうために必要なことを指摘してもらう	少		規制力コネ力
営業先を紹介してもらう	R1	過去のお客様	教示的スタイル（S1）	多	新たな営業先候補を教えてもらうために必要なことを指摘してもらう	少		規制力コネ力
チームをつくって営業する	R1	同僚	教示的スタイル（S1）	多	チーム作業で目標達成するために必要なことを指摘してもらう	少		規制力コネ力
安らぎをえる	R3	友人や家族	参加的スタイル（S3）	少		多	愚痴を聞いてもらう、応援してもらう	公権力人格力情報力

リーダーシップの試行錯誤は
適合プロセスの精度を上げる

　パワハラを行なっていた当事者たちのリーダーシップは、相手のレディネスに適合していないスタイルとパワーでした。それによってパワハラの被害者たちは、仕事を進められなくなってしまい、レディネス１になってしまいました。被害者もつらいし、職場も、仕事振りが落ちている被害者を放置していたら生産性が下がってしまいます。

　自分アジェンダを進めるリーダーシップは、紆余曲折の試行錯誤プロセスだと述べました。現代は先が不確実であり、いままでと同じやり方ではうまくいかないことがたくさんあります。一度スタートしても、停滞したり、失敗したり、もとに戻ったりします。このような状況では、誰も目標を与えてくれません。一人ひとりが大変な世の中で、他律的に困ったままで途方に暮れているわけにはいかないわけです。

　自分が嫌な思いをしているパワハラの現場では、相手が自分のレディネスをどのように見ているだろうか。自分の実際のレディネスはどの程度だろうか。相手から受けたい必要なリーダーシップはどのようなものか。こうしたことを考えてみます。**嫌な思いをしているということは、どこかに不適合があります。**その不適合を見つけること、そして、その不適合がおきない**新しい視点や方向性**を模索することが、現状打破の道なのです。

　自分アジェンダのリーダーシップは、「もっとも安心して気

持ちのいい状態」を思い描くところからスタートします。そこに向かって、自律的にプロセス・リーダーシップをとります。遠い道のりかもしれませんが、まずは身近で信頼できる人たちから支援をえて第一歩を踏み出します。支援が支援を呼び、また一歩進みます。期待しているほどうまくいかないかもしれないし、失敗してしまうかもしれません。

　進むにつれ、最初に思い描いた自分アジェンダを変えたくなるかもしれません。そのときは気軽に自由に変更します。自分だけの自分アジェンダなので、遠慮する必要もカッコをつける必要もありません。自分アジェンダに到達する道のりは、一直線ではなく行きつ戻りつのクネクネした道です。

　自分アジェンダに向かって、自分をプロセスリーダーにして、まず、①コンテンツリーダーの「支援する」レディネスと自分の「支援を依頼する働きかけ」のスタイルとパワーが適合しているのかどうかを意識します。

　次に、支援を受けはじめたら、②自分のそのコンテンツに関するレディネスとコンテンツリーダーのスタイルとパワーが適合しているのかどうかを意識します。レディネスは能力が上がれば変わりますし、確信・意欲もその時々の気分や気持ちで変わります。

　いつでもレディネスとスタイルとパワーを意識しながら行動すれば、リーダーシップの失敗は減り、**必ず自分アジェンダに向かって前進**します（図表13）。リーダーシップは試行錯誤ですが、**適合を繰り返すプロセス**とも言えます。適合プロセスを繰

り返すことが、結果として、**あきらめない**ことになります。

図表 13　自分アジェンダ図

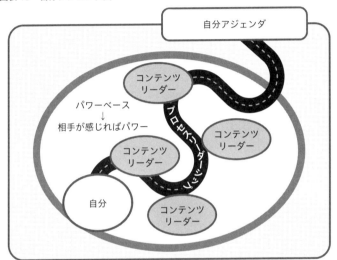

「自分アジェンダ」プランをつくってみよう

いま、困っていること、つらいことがあったら、

① 現状の不適合表に、情景を思い浮かべて、相手、タス
　ク、自分のレディネス、相手のスタイル、相手に感じ
　るパワーを入力し、どこに不適合があるか確認します。

② いったん頭と心を現状から切り離します。

③ 目を閉じて、もっとも安心して気持ちいい自分を思い
　浮かべます。しばらくその状態で、自分の周囲360度
　を見渡します。

④ 思い浮かべた情景をもとに、自分アジェンダ表に「も
　っとも安心して気持ちいい状態（自分アジェンダ）」を
　「私が、○△状態」という書き方で入力します。
⑤ 自分アジェンダを思い浮かべながら、自分のレディネ
　ス、コンテンツリーダー、コンテンツリーダーに求め
　るスタイル、指示的行動、協労的行動、パワーを入力
　します。

　不適合が生じているのは、一つだけではないかもしれません。
思いつく限り「現状の不適合表＜現在の自分＞」にリスト化し
ましょう（図表14）。現状の不適合表をいったん忘れて、自分ア
ジェンダ表（図表15）を作成します。
　できあがった現状の不適合表や自分アジェンダ表を見比べる
と、新しい気づきがあります。
　今日の自分が見比べる場合と1週間後の自分が見比べる場合
と、また、異なる発見があるかもしれません。自分アジェンダ
を一度でも思い浮かべたら、その時点で軸となる視点やイメー
ジができていますので、どのような情報も自分へのフィードバ
ックになります。

図表14　現状の不適合表＜現在の自分＞

うまくいっていない相手	タスク	自分のレディネス	相手のスタイル	相手に感じるパワー
例 谷川課長	売上20%アップ	R1	S4	規制力

図表15　自分アジェンダ表＜未来の自分＞

自分アジェンダ（もっとも安心して気持ちいい状態）：

私が、

状態

タスク	自分のレディネス	コンテンツリーダー	コンテンツリーダーのスタイル	指示的行動 コンテンツリーダー	協労的行動 コンテンツリーダー	適合するパワー

「職場内のパワハラ」を解決に導くためのミニ知識

本書では、厚生労働省が示す６つの行為類型に基づき、それぞれのパワハラのケースについて、どのような発言と行動が問題だったのか、どのように考えればパワハラ問題にかかわる当事者たちが最悪の状況から抜け出せたのか、行動科学——特に状況対応リーダーシップ——の観点から二人の専門家が解説をしてきました。

パワハラ問題を状況対応リーダーシップに当てはめるという画期的な取り組みであり、６つの行為類型に基づいたストーリーと解決方法について解説をしている工夫もあって、パワハラが起こっている現場の状況がみなさんにリアルに伝わったと思います。

「業務上必要かつ相当な範囲を超えた言動」がパワハラとなる

ところで、改めて共通認識を持っておきたいことがあります。パワハラの行為類型は、パワハラについて理解を深めてもらう

ために代表的な言動を分類したもので、すべてがこの６つにきちんと分類しきれるわけではないということです。そして「これはパワハラです。これはパワハラではありません」と、明確に分けられない場合もあるところが、この問題が抱える厄介な点です。唯一はっきりと言えるのは、職場での優越的な関係を背景とした「業務上必要かつ相当な範囲を超えた言動」であって、労働者の就業環境が害されるものがパワハラになるということです。

　言い換えれば、「業務上必要かつ相当な範囲を超えていない言動」であれば、パワハラにはなりません。

　なぜならば、その前提に、上司は組織内で自らの職位や職能に応じて権限を発揮し、業務上の指揮監督や教育指導を行う役割を持っているからです。つまり、受け手である部下がその指示に不満を抱いたとしても、それが適切な範囲で行われていれば、法律上はパワハラには当たらないのです。そのため、上司や上の立場にある人は、

①その行動の目的が、本当に組織のためになっているか。

②その指導方法は、第三者が見ても適切であるか。

　この２つを確認して行動することが必要です。

　まず①については、自分が行動する目的や意味をいま一度、深掘りして、相手になぜ自分がこうした指示をしているのか、その目指す方向性を明確に伝えることが必要です。その伝達ができていれば、業務の過程で指導のために言わなければならないこと――それが受け手にとっては多少きつく聞こえること

——であっても、パワハラには発展しにくくなります。

　他方、自分が職場内で優位な立場にあることに乗じて相手を見下した発言をしたり、優越感に浸りたいがための行動をとれば、とたんにパワハラとなる可能性が大きくなります。職務上の地位、知識や経験の量、その場に占める人数など、いずれかでも優位にある人の行為には、相手に対する圧力やパワーが自然と働きやすくなります。ですので、受け手となる人の反応や受け止め方には真摯かつ敏感に耳を傾けて、双方向のコミュニケーションを日ごろから心がけることが必要となります。

　次に②は、文字通り、だれが見てもその指導方法は問題なく適正と言えるのか、ということです。自分だけの正義感や価値観に基づき、独りよがりで行動してはなりません。自分の振る舞いを第三者の立場から認識することを認知心理学ではメタ認知と言いますが、自らの行動・考え方・性格などを俯瞰し、世の中で自分の行動が通用するのか、どう受け止められるのかを自ら判断する冷静さが求められます。

　すでに述べたように、本来的に上司は、職場で職位や職能に応じて権限を発揮し、業務上の指揮監督や教育指導を行うことが役割として求められているのですから、この2つの基準を意識して業務に臨むことで、凛とした態度で部下指導にあたれるようになります。

パワハラは「個人の問題」から「組織の問題」へ

　ところで、「はじめに」でも触れていますが、大企業では

2020年6月1日(中小企業では2022年4月1日)から、「パワハラ防止法」が施行され、職場でのパワハラ防止策を設けることが義務づけられました。この法律にしたがわなければ、厚生労働省から指導を受けたり、企業名が公表されたりする場合もあるとされています。

　つまり、パワハラの予防と解決は、組織内で働く社員や職員の問題として片づけられるものではなく、会社の責任でもあることが明確になりました。具体的には、企業には、①事業主の方針の明確化およびその周知・啓発、②相談に応じ、適切に対処するために必要な体制の整備、③職場におけるパワハラへの事後の迅速かつ適切な対応といった、啓発と予防、早期発見と適切対応の多面的な体制づくりが求められています。

　もっとも、実際に社内でパワハラが起こったときや相談を受けたときの対策がすでにマニュアル化できている企業はまだまだ少なく、準備中というのが実態のようです。

　とくに中小企業ではパワハラ対策が思うようには進んでいないようです。たとえば、窓口らしきものが社内にできたものの、担当者の知識が乏しかったり、問題意識が低いために話を聞くだけで終わったり、あるいは守秘義務が徹底されておらず、話した内容が上司や役員に筒抜けになってしまい、かえって相談したことを後悔したということも起きています。

　働き手の心理的ケアを行い、プライバシー保護の環境をつくることも、パワハラ防止法のもう一つの側面です。企業にはきちんとしたパワハラ防止体制を整備することが求められていま

すが、相談者がどこにも相談できないときは、思い切って外部のパワハラ相談窓口に連絡する方法もあります。以下にいくつかご紹介します。

電話やメールでも相談できる
「外部の相談窓口」

・「総合労働相談コーナー」

　厚生労働省が設けている相談窓口で、事業主、労働者のどちらからも相談ができ、専門の相談員が面談または電話で対応してくれます。予約は不要で費用もかかりません。各都道府県労働局、全国の労働基準監督署内など約380カ所にあります。労働基準法などの法律に違反の疑いがある場合は、行政指導などの権限を持つ担当部署に取り次いでくれることもあります。

・「日本弁護士連合会／弁護士会法律相談センター」

　すべての弁護士は日本弁護士連合会(日弁連)に登録しており、各地域の弁護士会に所属しています。その弁護士会が運営しているのが法律相談センターです。各地の弁護士会館はじめ、全国約300か所で法律相談を受けることができます。「ひまわり相談ネット」を利用すれば、24時間いつでも相談予約の申込みができます。また「ひまわりほっとダイヤル」は日弁連の事業者

向け相談受付専用ダイヤルで、一部地域を除き、初回30分の無料相談が受けられます。

・「日本司法支援センター（法テラス）」

　総合法律支援法に基づき、国によって設立された公的な法人で、法的トラブル解決に必要な情報やサービス提供を行なっています。利用者の問い合わせ内容に応じて、法制度に関する情報や相談機関・団体に関する情報を提供しています(情報提供業務)。また、経済的に余裕のない方の場合には、無料での法律相談を行い、必要な場合には弁護士費用の立て替えを行います(民事法律扶助業務)。

・人事院・人事委員会の相談窓口

　国家公務員の方は、一般企業向けの窓口では相談できないケースもあるので、人事院や所属府省の相談窓口を活用することができます。人事院では、一般職の国家公務員であれば非常勤職員の相談も受け付けています。人事院の職員相談員が制度の説明やアドバイスを行い、必要な場合には相談者の了解のもとに、所属府省に事実関係の調査対応を求めたりします。

　また、地方公務員の方は、各地域の人事委員会が相談窓口を設けています。

　この他にも外部の相談窓口はありますが、可能であれば、で

きるだけパワハラは社内で未然に予防・解決していきたいものです。組織として社員や職員が安心して相談できる社内体制を整えるように、ぜひとも心がけていただきたいと願います。

再現ＶＴＲをつくるつもりで、相談者の話を聞こう

　では、実際に、企業のパワハラ相談窓口では、どのように相談者の話を聞けばいいのでしょうか。

　最も求められる能力の一つは、「具体的な事実を聞き出す力」です。たとえば、「○○さんからひどいことを言われました」と相談されたとしたら、ひどかったのかと自分で想像してしまうのではなく、「実際にどんな言葉を投げかけられたのですか」とか「これまで何があったのか、時間の流れに沿って話していただけますか」などと状況を正確に把握するための質問をしていきます。

　というのも、「ひどい」という言葉は、何かしらのできごとがあった上での「評価」であって、そこには「事実」としての情報が入っていません。まずは丁寧に「事実」を聞き出して、その上でそれが「ひどい」のかどうか、「パワハラ」かどうかを判断し、評価することになるのです。

　私たち弁護士が相談者から話を聞くときもそうなのですが、あたかも再現ＶＴＲを見ているときのように、事実を正確に知るために質問をするように心がけています。共感しつつ、それでいて同調せず、丁寧に事実を掘り起こしていくのです。

　具体的には、５Ｗ１Ｈ（だれが、いつ、どこで、何を、なぜ、どのように）

を質問の中に組み入れてヒアリングしていくことで、相談者は誘導されずにフラットな状態で、たとえば「お前の顔はみたくない。もう来なくていいと言われました」とか「なんでこんなことができないんだと言われました」などと、パワハラがあったときの状況やその背景事情を事細かに話してくれるようになります。

　再現ＶＴＲのように話してもらうと言いましたが、これが意外にむずかしく、ある程度の経験が必要になるのですが、Chapter 1 〜 Chapter 6 までのそれぞれのケースの登場人物のやりとりは、まさに起こった事実を時系列にまとめているという点で学びになります。どこを聞き出すのがポイントなのか、準備したいときなどに読み直していただけると、相談者からヒアリングする立場にあるみなさんのお役に立つと思います。

Chapter 8

ストーリーで見る

→

会話レッスン

「パワハラ」回避に
直結する上手な話し方

職場の関係づくりは考え方の共有からはじめよ

　ここでは優越的な立場にいる人が、どのような言動をとることで、パワハラ問題を防止できるのかを考えていきます。

　そもそも職場の人間関係は、仕事(職務や課題など)でつながっている関係です。人物に対する「好き嫌い」という感情をひとまず脇に置いて、組織や個人の「方向性イメージ」に向かっていくことを考えます。そのためには、双方向コミュニケーションを密にして、お互いの考え方を共有する必要があります。

　さて、6つのストーリーに登場する人(行為者)たちが、「業務上必要かつ相当な範囲の指示・支援の行動」をとっていたならば、部下や関係者たちの仕事振りは悪化しなかったことでしょう。なぜならば、仕事で成果を出している職場は、明るく活気があるからです。現に人間関係が良好で、互恵の精神であふれている職場にパワハラ問題は存在しません。

　ところで、人間関係の善し悪しは仕事の成果を左右することが多いため、コミュニケーションは初めが肝心。仮にコミュニケーション不足が原因で、人間関係にヒビが入った場合、その後は人間関係の修復に時間を費やすことになります。

　職場には、さまざまな「方向性イメージ」を持っている人がいると思います。そして個々にやるべきことを持っています。その達成に影響をおよぼすコミュニケーションこそが相互理解を生み出し、パワハラ回避につながると考えてみてはいかがでしょう。

　ぜひ、良い「方向性イメージ」に向かうために、貴重なリソースである時間を使ってみましょう。

　よくクレーム対応は、初動が肝心と言われますが、パワハラを回避できるか否かも、初期段階での会話が重要です。

　そこで6つのストーリーに登場する人たちの会話をもとに、「パワハラを回避する会話」の具体例を紹介します。ただし、ストーリーに出てくる会話をすべて引用するわけではなく、パワハラ回避のきっかけとなる部分だけをとり上げます。あくまでも、「行動科学に基づく望ましい会話例」であり、行動科学の考え方に基づくアドバイスと受け止めていただければと思います。

　みなさんは、自身が置かれている状況や相手との関係性を考慮して、相手の心情に配慮した言葉を選び、良好な人間関係を築いていけるように考えてみてください。

職務や課題を成功に導く具体的な会話

■ストーリー1　身体的な攻撃

平岡係長の方向性イメージ

私が売上20%アップを達成する能力を身につけている状
　態。

　この「方向性イメージ」は、平岡係長自身の「やるべきこと（売上20%アップを達成すること）」であり、谷川課長としては平岡

係長に、「やってもらうこと(売上20％アップを達成してもらうこと)」と置き換えることができます。平岡係長は、「やるべきこと」に対して、自力で達成する能力は低く、意欲も低い状態です。「レディネス1」の状態です。

　谷川課長は、平岡係長にどのような支援をしたらよいのか。平岡係長は、谷川課長にどのような支援を求めたらよいのか。それぞれの言動を整理してみました。

（1）平岡係長に対する谷川課長の言動例

能力を高める支援(指示的行動)	意欲を高める支援(協労的行動)
売上を上げるために、まず契約件数を増やすことを考えて。	売上20％アップはむずかしいと感じるが、私と一緒に策を練ろう。
電話をかけて、久々にリストクリーニングしてくれ。	
リース会社の担当者で、親しくしている人がいたら、追加のお願いをしてほしいんだ。	
代理店の中で、未稼働店があったら、リストアップしてくれ。	
新規開拓のため、1日100件でいいから電話をしてくれ。	
新規のお客様のアポを週に3件はとってほしい。	

宮原係長と協力し合って、お互いの顧客情報を共有してくれ。	

(2) 谷川課長に対する平岡係長の言動例

能力を高める支援（指示的行動）	意欲を高める支援（協労的行動）
前期、5社がライバル会社と契約しました。お客様を奪還する方法を教えていただけますか。	値段交渉がむずかしいお客様がいます。次回の訪問の際、課長も同席していただけますか。
クロージングまで、時間がかかるお客様の対応について、アドバイスをいただけますか。	
営業力を身につけるために、勉強方法を教えていただけますか。	
課長が営業実績を上げてきたコツを伝授していただけますか。	
目標達成のために、私に不足している点を具体的に指摘していただけますか。	

■ストーリー2　精神的な攻撃

沢田課長の方向性イメージ

私が、職員たちも含めて、論理的かつ端的な書類を作成し報告を行い、斉木理事長が納得している状態。

この「方向性イメージ」は、沢田課長をはじめ職員たちの「やるべきこと(論理的かつ端的な書類を作成し報告する能力を高めること)」であり、斉木理事長としては、沢田課長をはじめ職員たちに「やってもらうこと(論理的かつ端的な書類を作成し、報告する能力を高めてもらうこと)」と置き換えることができます。

さて、この「やるべきこと」に取り組むのはチームです。最終的に斉木理事長が納得する結果を出すためには、チームとしてお互いにどのような影響をおよぼし合えるのかを考えます。なぜならば、組織体質を考えると、斉木理事長が積極的に部下指導に関与することは考えにくいからです。沢田課長の仕事振りは、斉木理事長の期待水準に達していませんので、能力は低く、意欲も低い状態です。これは「レディネス1」の状態です。

沢田課長は、チームメンバーにどのような支援を求めたらよいのか。「支援を求める」という視点で言動を整理しました。

（1）沢田課長の坂本部長に対する言動例

能力を高める支援(指示的行動)	意欲を高める支援(協労的行動)
部長、大変恐縮ですが、斉木理事長がこれまで承認した書類を閲覧してもよろしいですか。	部長 私たちも職員たちの論理力を鍛えるために、ぜひ、お力を貸していただけないでしょうか。
部長、次回の会議に提出する書類の原案なのですが、訂正や修正箇所などありましたら、ご指摘いただけますか。	部長、部署内でいろいろと勉強会を開きたいのですが、講師になっていただくことは可能でしょうか。

部長、私の文章をさらに簡潔・明瞭にするためのアドバイスをいただけますか。	
部長、プレゼンテーション・スキル研修の受講対象者ではありませんが、勉強のために部署の職員たちにも参加を許可していただけますか。	
部長、外部セミナーでロジカルシンキングというテーマがあり、職員を交替で参加させたいのですが、何名分の予算を確保できるでしょうか。	
部長、論理力に関する書籍を何冊か推薦していただけますか。	
部長から見て、社内で論理力が高い職員を何人か紹介していただけますか。	

(2) 沢田課長の川野課長に対する言動例

能力を高める支援(指示的行動)	意欲を高める支援(協労的行動)
文章の書き方を学びたいので、もし良かったら、総務課で作成した文書の中で、斉木理事長の承認が早かったものを見せてもらうことはできるかな。	私を含め、職員たちの論理力を高めたいと思っているんだが、力を貸してくれないか。
総務課内で論理力が高い人を何人か紹介してくれないか。	時間があるときでいいから、私の報告の仕方を聞いてくれるかな。

235

論理力を鍛えるための書籍で、参考になるものを何冊か紹介してくれるかな。	
論理的な話し方を学べる機関やセミナーがあったら、いくつか教えてくれるかな。	

（3）沢田課長の井上係長に対する言動例

能力を高める支援(指示的行動)	意欲を高める支援(協労的行動)
うちの課として、職員の論理力を高める勉強会を行うことにした。井上係長も参加するように。	私を含め、職員たちの論理力を高めたいと思っているんだが、力を貸してくれないか。
タイトルに「論理」や「プレゼン」が入った書籍で、短時間で学べるようなものがあったら、2、3冊買ってきてくれるかな。	
今後、理事長へ報告に行くときは、井上係長も勉強のために同行するように。	

▶ポイント

　斉木理事長の男性職員に対する接し方をみると、人格（気質＋性格）に問題があるのは事実です。しかし、「他人と過去は変えられないが、自分と未来は変えられる」という名言を残したエリック・バーン（カナダの精神科医＆心理学者）の言葉通りで、斉木理事長の人格を変えることは、私たちにはできないでしょう。

　多少困難ではありますが、斉木理事長とかかわる人たちのアプローチの仕方によっては、本人が性格（行動パターン）を変える「きっかけ」をつくることは可能でしょう。

■ストーリー3　人間関係の切り離し

松倉さんの方向性イメージ

私が、窓口営業をともなうテラー業務をしっかりこなして
いる状態。

　この「方向性イメージ」は、松倉さんがバックアッパーとし
て後方支援に徹し、職場にとって役立つ行動をとった上での「や
るべきこと（窓口営業をともなうテラー業務をしっかりこなすこと）」
になります。

　清家課長が、松倉さんにバックアッパーとしての責務を果
たしてもらった上での「やってもらうこと（窓口営業をともなうテ
ラー業務をしっかりこなしてもらうこと）」と置き換えることができ
ます。

　この「やるべきこと」に対する松倉さんの能力は、低い状態
です。やる気はあるのですが、自力で「やるべきこと」をこな
す能力が低いため自信がないことから、意欲も低い状態と判断
することができます。これは「レディネス1」の状態です。

　松倉さんの職務姿勢に対する指導を含めて、清家課長はどの
ような支援ができるのか。松倉さんはどのような支援を清家課
長に求めるとよいのか。言動を整理してみました。

（1）松倉さんに対する清家課長の言動例

能力を高める支援（指示的行動）	意欲を高める支援（協労的行動）
会社には、休んだ人をフォローする人がいるわけだから、出勤したら必ずお礼を言ってね。	子育てをしながら働くのは、大変なことだと思うけど、よく頑張っているね。
バックアッパーの仕事をしているうちに、当行で取り扱っている商品知識を身につけるように。	いまのうちに、テラー業務をやる能力を身につけておくと安心だね。
周りの人たちの営業トークを聞いて、メモしておくように。	何かあったら、私に相談するように。
これは、当行で取り扱っている商品一覧の最新版パンフレットだよ。まずは読み込んで、覚えて。	
商品に関することで不明な点があれば、新谷主任から指導を受けるように。	
テラー業務の流れについては、小山さんから指導を受けるように。	
テラーで子育てをしながら頑張っている○○さんがいるから、一度相談してみなさい。	

（2）清家課長に対する松倉さんの言動例

能力を高める支援（指示的行動）	意欲を高める支援（協労的行動）
他行の商品知識も身につける必要がありますか。	取扱商品の勉強をしたのですが、どこまで理解しているか、今度、テストをしていただけますか。
課長は営業力を身につけるために、具体的にどのようなことをしてきたのか、極意を教えていただけますか。	営業トークをメモしているのですが、この内容でよいかチェックしていただけますか。
営業に関する本を読んで学びたいのですが、数冊ご紹介いただけますか。	
スキルアップのためには、どなたをロールモデルにしたらいいですか。	
テラーとして、売上に貢献するまで、どのくらいの時間がかかるものですか。	
いま、テラーになるための勉強をしているのですが、どこまでの能力が身についたら、現場で働けますか。	
急な用事が入ったときのために、普段からどのような段取りをしておいたらよろしいですか。アドバイスをお願いいたします。	

■ストーリー4　過大な要求

池田医師の方向性イメージ

私が、子どもを自分の手で育てながら、産業医の業務もしっかりこなしている状態。

この「方向性イメージ」は、池田医師の「やるべきこと(子どもを自分の手で育てながら、産業医の業務もしっかりこなすこと)」であり、池田医師に末永室長が「やってもらうこと(子どもを自分の手で育てながら、産業医の業務もしっかりこなしてもらうこと)」と置き換えることができます。

一時期までは「やるべきこと」に対する池田医師の能力は高く、意欲も高い状態でした。「レディネス4」の状態です。この段階では、特に問題は発生していません。

しかし、就業時間を超え、職務範囲を超えた要求によって、池田医師は過重労働に陥っています。つまり、「やるべきこと」に対する能力は高いのですが、いまは疲労困憊状態で意欲が低くなっている「レディネス3」の状態です。

この健康管理室の仕事に対する考え方は、外資系企業の組織体質からかけ離れています。

池田医師が、関係者にどのような支援を求めることができるのか。言動を整理してみました。

（1）渋川部長に対する池田医師の言動例

能力を高める支援（指示的行動）	意欲を高める支援（協労的行動）
健康管理室として、本来やるべき仕事の見直しと、協力体制の再構築について話し合う、会議の開催を指示していただけますか。	雇用契約書に書かれている内容の確認と遵守をお願いできますか。
	会社のコンプライアンス問題に発展しないように、産業医の責務を逸脱した業務命令を中止していただけますか。
	就業時間を守るところから、社員の健康管理をしていきたいのですが、ご協力いただけますか。
	現在の健康管理室の実態について、社長にもご意見を求めようと思っています。

（2）末永室長に対する池田医師の言動例

能力を高める支援（指示的行動）	意欲を高める支援（協労的行動）
健康管理室の協力体制を早急に確立していただけますか。	会社として、コンプライアンス違反になるので、専門職である産業医の責務を逸脱した業務をお引き受けできないことをご理解いただけますか。
	現在の健康管理室の実態について、社長にもご意見を求めようと思っています。

■ストーリー5 過小な要求

秋元係長の方向性イメージ

私が、平田係員が自発的に庁舎管理係の日常業務を行える
ように指導育成している状態。

この「方向性イメージ」は、秋元係長の「やるべきこと(平
田係員が自発的に庁舎管理係の日常業務を行えるように指導育成するこ
と)」であり、平田係員に秋元係長が「やってもらうこと(平田
係員が自発的に庁舎管理係の日常業務を行うこと)」と置き換えること
ができます。

この「やるべきこと」に対して、一度失敗している秋元係長
の能力は低く、意欲も低い状態と言えるでしょう。「レディネ
ス1」の状態です。

さて、官民問わず、「権利を主張して義務を果たさない人」
や「学力優秀でも実務能力が低い人」など、さまざまな特性を
持った人が組織には存在するものです。とは言え、平田係員の
ような態度をとる人が職場にいると、職場の「秩序や互恵性」
は崩壊してしまいます。

実務能力の低さを認めたくないがゆえ、「院卒」という笠や
蓑をまとって自己防衛している平田係員が、将来、希望する職
務に就けるように、いまは実務能力の基礎を徹底的に指導する
ことが大切でしょう。

秋元係長は浜内課長の力を借りながら、平田係員に「やるべ

きこと」を認識させ、「一人前」に育てるために、どのような
支援を関係者に求めるとよいのか。言動を整理しました。

（1）浜内課長に対する秋元係長の言動例

能力を高める支援（指示的行動）	意欲を高める支援（協労的行動）
課長と平田係員と私で三者面談を して、教育方針を決定したいので すが、お時間をつくっていただけ ますか。	平田係員の指導育成で苦慮してい ます。困ったときにサポートをお 願いしてもよろしいですか。
平田係員の指導で気をつけること があったら、ご指摘いただけます か。	
パワハラと言われないために、言 葉づかいでどのような点に気をつ けたらよろしいですか。	
上司の指示命令にはしたがうよう にと、お口添えいただくことは可 能でしょうか。	
上司の業務命令は、義務であるこ とを平田係員に話していただけま すか。	
行政サービス・パーソンとしての 自覚をどのようにうながしたらよ いか、教えていただけますか。	
業務命令違反をした場合の対処法 を教えていただけますか。	

（2）平田係員に対する秋元係長の言動例

能力を高める支援(指示的行動)	意欲を高める支援(協労的行動)
難易度が低いと思っている仕事でも、自力でできなければ能力が低いとみなしますので、職務の選り好みをせず、与えられた仕事に邁進してください。	平田さんが、将来、希望の職場で実力を発揮できるように現在の職務を遂行しながら、実務能力を高めていきましょう。私が、いろいろとサポートします。
指示、命令された業務について、他の係員に代行を依頼することは、越権行為になりますので、注意してください。	気が乗らないことがあるようですが、体調不良ですか。
仕事で外出する係員がいたら、業務の調整を図って、同行してください。 市民の声を直接聞くことは大変、勉強になります。平田さんが将来、取り組もうとしている仕事に役立ちますよ。	
仕事のやり方でわからないことがあったら、里村さんに聞いてください。	
ムダな仕事は一つもありません。難易度のことは考えず、与えられた仕事を一つずつ、コツコツとこなしてください。	
係の職務内容を把握して、1年後には、改善提案ができるレベルまで実務能力を高めてください。	
仕事が終わったら、必ず見直しをするように。	

■ストーリー6　個の侵害

藤沢支配人の方向性イメージ①

私が外国人技能実習生の指導育成制度および就業環境を整
備させた状態。

この「方向性イメージ」は、藤沢支配人の「やるべきこと(外
国人技能実習生の指導育成制度および就業環境を整備すること)」であ
り、藤沢支配人が商工会議所の職員に「やってもらうこと(外
国人技能実習生の指導育成制度および就業環境を整備するための情報提
供と指導をしてもらうこと)」と置き換えることができます。

この「やるべきこと」に対して、藤沢支配人の能力は低く、
意欲も低い状態です。「レディネス1」の状態です。藤沢支配
人が、商工会議所の職員にどのような支援を求めたらよいのか。
その言動を整理しました。

(1) 商工会議所の職員に対する藤沢支配人の言動例

能力を高める支援(指示的行動)	意欲を高める支援(協労的行動)
同業者の中で、技能実習生を受け入れて成功している事例をいくつか紹介していただけますか。	指導育成制度をつくったら、一度チェックしていただけますか。

異業種でも構いません。指導育成制度をどのようにつくっているのか教えていただけますか。	就業環境を整備したら、見に来ていただけますか。
就業環境を整備するためには、どのようなことに配慮したらよろしいですか。	
世間では、ハード面とソフト面にどのくらい投資しているものですか。	
制度と就業環境を整備したら、技能実習生の定着率は、どのくらいになりますか。	

（２）藤沢支配人に対する商工会議所の職員の言動例

能力を高める支援(指示的行動)	意欲を高める支援(協労的行動)
各セクションから、職員１名ずつを選抜して、プロジェクトチームをつくってください。	書類関係が整ったら、確認のためこちらに伺います。
制度構築の責任者と環境整備の責任者を分けて任命してください。	
各セクションの業務マニュアルを作成してください。	
一つの業務に対して、作業手順書を作成してください。	
マニュアルが完成したら、職員に周知し、研修を実施してください。	

藤沢支配人の方向性イメージ②

私が、ホアさんに戻ってきてもらい、以前のように客室と
宴会を担当してもらっている状態。

この「方向性イメージ」は、藤沢支配人の「やるべきこと(ホ
アさんに戻ってきてもらい、客室と宴会を担当してもらうこと)」であり、
ホアさんに藤沢支配人が「期待すること(ホアさんが戻ってきて、
客室と宴会を担当すること)」と置き換えることができます。

藤沢支配人には、一度職場を離れた技能実習生を呼び戻すと
いう経験がないので、この「やるべきこと」に対して、藤沢支
配人の能力は低く、意欲も低い状態と言えます。「レディネス
1」の状態です。

そして、現在のホアさんは部下ではないので、一から「お願
い」をする必要があります。仮に「やってもらうこと」に対す
るホアさんの状態を考えると、客室と宴会の仕事に関しては、
まだ自力で完遂できるレベルではないため、能力が低く、意欲
も低い、「レディネス1」の状態と言えます。

ホアさんと接触できた場合、藤沢支配人の試みとして、どの
ような支援をホアさんに求めたらよいのか。ホアさんはどのよ
うな支援を藤沢支配人に求めたらよいのか。その言動を整理し
ました。

（1）ホアさんに対する藤沢支配人の言動例

指示的行動（能力を高める支援）	協労的行動（意欲を高める支援）
技能実習生の指導育成制度をつくりました。ホアさんに新しい制度のもと、もう一度、うちの旅館で働いていただきたいのです。	ホアさんが困っていることに気づけず、申しわけございません。残された実習期間中、全面バックアップを約束しますので、何でも相談してください。
ホアさんをはじめ、これから受け入れる技能実習生のために、就業環境も整備しました。一度、見に来ていただけますか。	
全従業員を対象に、研修を実施しました。従業員は、家族のような存在だけど、お互いのプライベートを尊重し合うと約束しました。安心して働いてください。	
就業環境については、初めての技能実習生であるホアさんから、いろいろとアドバイスしていただけると助かります。	

（2）藤沢支配人に対するホアさんの言動例

指示的行動（能力を高める支援）	協労的行動（意欲を高める支援）
現場に出る前に、もう一度教育していただくことはできますか。	支配人に直接、相談することはできますか。
効率的に働くためのコツを教えていただけますか。	

おわりに

　本書では、6つのパワハラのストーリーを見てきました。それぞれの被害者の視点で、どのようなことが起こっているのか行動科学の手法を使って、気になる言葉や行動をメモし、現状を状況対応リーダーシップを使って分析してきました。そして被害者たちに「もっとも安心している未来の自分」を思い描いてもらい、その方向に向かうための方策を解説してきました。パワハラには欠かせない法律的な解釈や対策も見てきました。

　どんな人でも、気づかずに行為者になってしまうかもしれないということがパワハラの怖いところですが、状況対応リーダーシップを使って分析する方法があれば、自分が行為者になっているかどうかを客観的に把握することができます。

　被害者も、身動きがとれずに泣き寝入りするだけではなく、「無理のない等身大の自分アジェンダ（方向性イメージ）」を掲げるだけで、未来への光が見えてきます。自分が考えて行動する必要がありますが、周囲にはたくさんの支援があることに気づくことができます。

　しかし、ストーリーや解説を読んだだけでは、実感としてのイメージがわかない、自分の場合はどうしたらいいのか想像がつかない、などと感じる読者もいらっしゃるかもしれません。他人のストーリーや他人が書いた解説は、つらいだろう、悔しいだろう、悲しいだろう、と他人の気持ちを想像することはできますが、やはり「他人ゴト」です。自分にとって本当に望ま

しい状態にするには、「自分ゴト」として、自分で考えて行動しなければなりません。

とはいえ、自分だけでは、なかなか自分アジェンダをイメージしたり、いままで経験したことのない支援や資源を考え出したりはできないと感じるかもしれません。とくにパワハラに合いショックを受けているときは、客観的に状況や物事を見ることができないものです。

私たちは、そういった場合のためにパワハラ防止やハラスメント対策のための講座や研修やコーチングを行なってきました。具体的には、パワハラ問題を起こしたくない企業や団体に向けて、どのように防止するか、状況対応リーダーシップを使って、現状が「優越的な関係を背景とする」「業務上必要かつ相当な範囲を超えた言動」「身体的または精神的な苦痛を与えたり、就業環境を害すること」となっているかの分析と、回避するための研修やコンサルティング。また、個人の方には、ハラスメント状況の分析、ハラスメント状況からの脱出について、講座やコーチングを行なっていますが、ここで出会った人たちが行動科学を知ることで、パワハラの解決の糸口を見つけられ、笑顔を取り戻している姿をそばで見てきました。とてもうれしいことです。

最後に、本書はパワハラをテーマにして、「もっとも安心している状態の未来の自分」を自分アジェンダとして、その状態にいたる道筋を解説してきましたが、自分アジェンダは人生の

あらゆる場面で使えます。たとえば、「もっとも満足している未来の自分」「もっとも生きがいを感じている未来の自分」「もっとも幸福を感じている未来の自分」など、人それぞれの最高の状態をイメージすれば、その状態までの道中に必要な支援や資源を試行錯誤することができます。

　パワハラを受けている場合は、マイナスからの出発ですから、まずは「安心すること」が最大の課題です。しかし、安心できたから、マイナスを感じていないからと言って、現状に満足しているとは限りません。行動科学には「不満がないからと言って、満足しているとは限らない」という研究があります。

　社会が複雑になればなるほど、現状に忙殺されます。それによって不満や不服はあるものの現状を受け入れていることもあれば、「みんながこうしているから」と思い、不満や不服に気づいていないこともあります。

　最近、不眠やストレスに加えて同調圧力という言葉をよく聞くようになりましたが、このこと自体が不満や不服を潜在的に感じている人々が多いことを示していると思います。

　現在の自分を見つめて、周囲の支援を感じながら本来の自分の人生を生きること、このことが「自分ゴトのリーダーシップ＝自分アジェンダ」のプロセスそのものです。

　　　　　　　　　　　　　　　　　　　　　　　著者代表

関連文献〈自分アジェンダと行動科学〉

●網あづさ、進化する教科書チーム共著(2016)『12のリーダーシップストーリー課題は状況対応リーダーシップ® で乗り切れ』(生産性出版刊)

●網あづさ(2016)『「内包的な自分」と「存在層アジェンダ」の提言、リーダーシップの視点から』支援対話研究3巻、一般社団法人 日本支援対話学会

●網あづさ(2014)研究ノート:『「だれもがリーダー」を支える意識、自分アジェンダ® によるリーダーシップ(1)」』リーダーシップ研究大学

●山本成二監修、シーエルエスグループ(山本(網)あづさ、桃井庸介)編集(2005)『行動科学入門―状況対応リーダーシップ® の理論と実践』(生産性出版刊)

●ポール ハーシィ、デューイ・E. ジョンソン、ケネス・H. ブランチャード共著、山本成二、山本(網)あづさ共訳(2000)『入門から応用へ行動科学の展開【新版】―人的資源の活用』(生産性出版刊)

著者紹介

網 あづさ　あみ あづさ

リーダーシップ研究アカデミー主宰／自分アジェンダ® 開発者。
2001年、慶應義塾大学大学院経営管理研究科後期博士課程修了、経営学博士。2013年、「だれもがリーダー」のためのリーダーシップの教科書をつくることをめざし「進化する教科書<リーダーシップ>を創ろう！」プロジェクト、2017年リーダーシップ研究アカデミーを立ち上げる。リーダーシップ研究アカデミー主宰、CLSJapan代表、自分アジェンダ® 開発者。著訳書に『新版 入門から応用へ行動科学の展開』『行動科学入門』『12のリーダーシップストーリー　課題は状況対応リーダーシップ® で乗り切れ』（生産性出版）など。

また、リーダーシップ研究アカデミーでは、ハラスメントに関する研修、講座、コーチングのトレーナー養成も行なっている。

リーダーシップ研究アカデミー／ハラスメントと行動科学講座
URL：http://www.e-uls.org/index.php/harassment/

藤原 徳子　ふじわら のりこ

株式会社ビジネスファーム代表取締役。
短大卒業後、米国カリフォルニア州ULS大学行動科学アカデミー卒業。8年間にわたり学習塾を経営。コンサルティング会社でのキャリアを活かし、1997年起業。専門は、行動科学・臨床心理学・睡眠学。30年以上にわたり、全国各地の官公庁および民間企業で研修・講演講師を務める傍ら、執筆活動を行う。日本睡眠教育機構認定の上級睡眠健康指導士。主な著書は、『12のリーダーシップ・ストーリー』（共著/生産性出版）『S.L.事例分析集』（共著/シーエルエス）他多数。

協力者紹介

波戸岡 光太　はとおか こうた

アクト法律事務所 弁護士。ビジネスコーチ。
慶應義塾大学卒業・同大学院修了。2007年に弁護士になる。弁護士不足で知られた函館の法テラスに3年間勤務、証拠不足のむずかしい案件を中心に取り組む。依頼人に寄り添い、自らの足で粘り強く証拠を積み上げる弁護活動は大きな注目を浴び、多数のメディアで紹介された。現在は東京都港区にて、中小企業を支えるパートナーとして契約トラブルや労務問題の予防・解決を中心に尽力している。

ハラスメントを行動科学で
考えてみました。

2020年11月10日　初版第1刷

著　　　者　網あづさ　藤原徳子
協　　　力　波戸岡光太
発 行 者　髙松克弘
編集担当　村上直子
発 行 所　生産性出版
　　　　　　〒102-8643　東京都千代田区平河町2-13-12
　　　　　　日本生産性本部
電　　　話　03(3511)4034(営業・編集)
　　　　　　https://www.jpc-net.jp/

印刷・製本　カバー＆本文デザイン　株式会社サン
イラスト　岩井千鶴子

ISBN 978-4-8201-2108-4